穷查理箴言

查理·芒格写给年轻人

张笑恒 编著

北京联合出版公司
Beijing United Publishing Co.,Ltd.

图书在版编目（CIP）数据

穷查理箴言：查理·芒格写给年轻人 / 张笑恒编著
.—北京：北京联合出版公司，2022.9
ISBN 978-7-5596-6410-5

Ⅰ.①穷… Ⅱ.①张… Ⅲ.①查理·芒格－投资－经验 Ⅳ.① F837.124.8

中国版本图书馆 CIP 数据核字（2022）第 136057 号

穷查理箴言：查理·芒格写给年轻人

编　　著：张笑恒
出 版 人：赵红仕
责任编辑：高霁月
封面设计：韩　立
美术编辑：盛小云

北京联合出版公司出版
（北京市西城区德外大街83号楼9层 100088）
河北松源印刷有限公司印刷　新华书店经销
字数160千字　880毫米×1230毫米　1/32　6印张
2022年9月第1版　2022年9月第1次印刷
ISBN 978-7-5596-6410-5
定价：38.00元

版权所有，侵权必究
未经许可，不得以任何方式复制或抄袭本书部分或全部内容
本书若有质量问题，请与本公司图书销售中心联系调换。电话：（010）58815874

前言
PREFACE

查理·芒格，一个隐藏在沃伦·巴菲特光环之下的投资天才，两个人联手创造了有史以来最优秀的投资记录。在结为搭档的几十年生涯中，巴菲特无时无刻不在为查理的智慧所惊叹，并将他誉为是帮助自己从猩猩迅速进化成人类的教化者。巴菲特的至高评价无疑给这位投资界的传奇人物蒙上了一层神秘的面纱。

查理喜欢将投资工作视为一次飞行。无论一位飞行员拥有何等的天赋和经验，都不会忘记在起飞前检查自己的清单，投资也一样。查理的投资清单包括评估风险，在自己的能力圈内行事，保持独立思考，时刻保持耐心，不频繁地买进卖出，只在合适的机会果断出手等。同时，为了避免投资亏损所带来的不利影响，查理建议投资者以一种审慎的态度面对投资，正确地配置资本，以最大程度保证投资的合理性。

对待生活，查理也像对待投资一般，一生都遵守着一些不可违背的准则。比如节俭，不追逐平庸的机会，对压力有清醒的认知，懂得隐藏自己的睿智等。而查理同样也会向自己的孩子传授生活的智慧，要求他们勇于承认错误，并承担自己的责任。这些对待生活的态度也让查理更容易感受生活的意义。

在工作方面，查理建议人们尽量做自己感兴趣的事情，他认为一个人如果想要在某个领域成功，就必须对它感兴趣，否则也许可以将这些事做好，却无法将它做得出色。

查理将阅读视为最佳的学习方式，无论是学习技能，还是开阔眼界，书籍所带来的效果更为直观和便捷。像比尔·盖茨、沃伦·巴菲特、乔布斯等商业传奇人物没有一个不是每天阅读的。

查理是逆向思维方式的终生践行者。这种思维方式会使对问题的思考变得更加容易。除了逆向思维，查理还为我们提供了反熵增、反脆弱、"10+10+10"、三层解释等诸多思维方式，帮助我们更好地面对工作和生活中所遇到的各种难题。

本书全面展示了查理·芒格在投资、生活、工作、学习、思维等方面的智慧箴言和人生哲学，并结合查理·芒格的生平事迹和言论进行深入浅出的阐释，以期给成长中的年轻人以帮助和指引。只要通过不懈努力，每个年轻人都可以像查理·芒格一样创造出属于自己的美好人生。这不仅是一部查理·芒格的智慧总结书，还是一部年轻人开辟事业、成就梦想的人生指南书。

目录
CONTENTS

第一章
投资是一辈子的事,把它当作你生活的一部分

1. 模仿一大堆人,意味着接近他们的平均水平 003
2. 如果你不知道自己的能力边界,那将是个灾难 006
3. 大量地分散投资,简直是缘木求鱼 010
4. 赚钱的秘诀不在频繁地买进卖出,而是等待 014
5. 机会只有少数几个,如果赔率对你非常有利,就下重注 ... 018
6. 让自己始终处于时代的第一线,从中窥见未来存在的机会 ... 021
7. 所有的投资必须从评估风险开始,而不是展望赢利 024
8. 在不确定性面前,理性也无法完全规避风险 027
9. 企业负债往往没问题,倒是资产必须担心 031
10. 审慎,能让你好好地活着 034
11. 渴望在投资中做到物理学那么精确,只会让你深陷麻烦 038

12. 记住：名誉和正直是你最有价值的资产，而且会消失于眨眼之间 040

第二章
要想得到你想要的东西，最可靠的办法就是让自己配得上它

1. 要想获得你想要的东西，那就让自己配得上它 045
2. 节俭是责任的仆人 047
3. 每一次不幸都是良好的表现机会，都是学东西的机会......050
4. 承认错误，并勇于承担自己的责任 054
5. 我的成功所依仗的就是不去追逐平庸的机会 057
6. 压力可以毁了你，也可以成就你 059
7. 不要锋芒毕露，要学会隐藏自己的睿智 062
8. 遇到挫折时不自怜自艾，接受它并处理好它 065
9. 即使你不喜欢现实，也要承认现实 068
10. 保证痛苦人生的卡森药方 071

11. 我的四味痛苦药方：如何避免不幸的人生.................072

第三章
成为赢家唯一的方法，是工作、工作、工作，再工作

1. 想要出类拔萃，做有强烈兴趣的事并保持勤奋.................077
2. 保持专注，脚踏实地致力于当下的工作.................080
3. 与你仰慕的人一起工作，才能取得更大的成就.................082
4. 既要勤奋刻苦，也要开动脑筋.................085
5. 工作中的说服，要诉诸利益而非诉诸理性.................088

第四章
生活中过得越来越好的人都是"学习机器"

1. 通过大量阅读，让自己成为终生的自学者.................093
2. 增强跨学科技能，光靠已有的知识你走不了多远.................096
3. 学习各学科中最重要的知识，并不断实践.................098
4. 拥有真正的能力，而不是鹦鹉学舌的知识.................100

5. 与伟人进行深度的思想交流，你也会慢慢成为伟人 103

第五章
精英管理法则

1. "3"的法则，让表达更有说服力 109
2. 构建企业的护城河 112
3. 激励的超级威力 115
4. 激励引发的偏见 117
5. 将不平等最大化能收到奇效 119

第六章
学会用我的多元思维模型，看透这个世界的底牌

1. 逆向思维模型：如果我知道自己会在哪里死去，我就永远都不去那儿 125
2. 多元思维模型：从局限中重新定位，提升眼光和格局 128
3. 复利思维模型：宇宙中最强大的力量之一 130

4. 反熵增思维模型：生命的本质就是一个对抗熵值的过程 ... 133

5. 反脆弱思维模型：从困境中理性分析，提升认知，获得能量 ... 136

6. "10+10+10"思维模型：从旁观者的角度，审视决策的长远影响 ... 139

第七章
深度思考，不断逼近问题的本质

1. 与生俱来的喜欢与热爱心理 ... 145

2. 威力强大的讨厌和憎恨倾向 ... 147

3. 避免不一致倾向 ... 149

4. 羡慕、嫉妒倾向 ... 152

5. 受简单联想影响的倾向 ... 154

6. 为什么人总是自视过高 ... 157

7. 被剥夺超级反应倾向 ... 159

8. 以相同方式回馈的心理 ... 162

9. 对权威的盲目信奉...... 164
10. 如何避免错误的对比...... 167
11. 理由带来的安全感...... 169
12. 不用就忘倾向...... 172
13. 社会认同倾向...... 174
14. 错误衡量易得性倾向...... 177

第一章

投资是一辈子的事,把它当作你生活的一部分

玩好投资这个游戏，关键在于少数几次机会，你确实能看出来，这个机会比其他一般的机会都好，而且你很清楚，自己比别人知道得更多。

——查理·芒格

1. 模仿一大堆人，意味着接近他们的平均水平

查理说，进化给人类留下了社会认同倾向。这个社会认同是指，我们常常在做判断之前，参考别人的做法，看多数人都去做一件事，就会认为这样做是有道理的。一般情况下，从众是有效的，比如可以让人少犯错误，但并不适用于投资。

在凯恩斯经济学中，投机被定义为"预测市场心理的活动"，他认为要反复思考市场在想什么，然后再做决策。就是我们俗话说的随大流，这在查理看来，可笑又愚蠢。查理认为，从众就像旅鼠效应，在旅鼠数量急剧增多后，由于饥饿或迷失方向，旅鼠开始惊慌，一窝蜂朝着大海前行，最后一只接着一只跳入大海……

旅鼠效应也类似于心理学上说的羊群效应。把一根木棍横放在一群羊前面，如果第一只羊跳过去，第二只、第三只也会跟着跳过去。这时，把木棍撤走，后面的羊走到这里，依然会像前面的羊一样，向上跳一下，尽管拦路的木棍已经不在了。

查理说:"模仿一大堆人,意味着接近他们的平均水平。"如果你把赌注押在大众身上,你永远都不会获取高于市场平均值的收益,甚至可能把本金也赔掉。人的本能是寻求一致意见,认为人多的地方总是安全的。但在投资的道路上,意见越一致,越危险。

巴菲特也对广大股民的投资想法和行为抱有怀疑态度,因为他们的行为并不是基于准确的信息做出的,而是对社会倾向的反应。

因此,在投资之前,查理愿意花更多的时间在思考上。在市场疯狂或者下跌时,查理从来不会恐慌,他认为投资必须反人性,才能保持客观和清醒的头脑。

永远不要想象在投资领域,有一大块肥肉放着无人过问。事实是,哪怕是一个非常微小的机会,也有人盯着。

查理在参加一次密歇根大学的投资委员会会议时,遇到了一个来自伦敦的成功投资者。他看中了撒哈拉以南的非洲地区,那里上市公司很少,他买入了一些在粉单市场上市的银行股,量不多。后来,从非洲的穷人慢慢把钱存入银行,不再放在家里。开始,这位投资者越来越赚钱。最后,他赚了不少,但这个机会一旦被更多人知道,这个利基也就很快消失了。

查理说,当很多人扎堆去曾经有鳕鱼的地方,在竞争激烈的环境里,你想自己还能有多少机会钓到鳕鱼呢?太难了。

但是，很多投资者在股市里根本就不思考，他们每天想的是不劳而获、是到处打听小道消息、内幕消息、专家意见，他们只想参考别人怎么做，然后去模仿、跟随。巴菲特说自己最崇拜的老师格雷厄姆曾经告诉他："如果你想要在华尔街取得成功，一定要做到两点：要正确思考，但是只做到正确思考是不够的，你还得做到独立思考！"

查理对任何类型的预测和所谓的"内幕消息"都没有任何兴趣，他从不会让其他人左右自己的思维。他永远独立思考并相信自己的判断，坚持自己的理论。正如沃伦·巴菲特所说："查理不会因为一件事是我说的而接受它，尽管世界上大多数人会这样。"

查理说："不要认为市场先生是个聪明人，相反，要把他看成你的仆人。"当你发现市场上每件投资品都被疯抢，绝对不是购买的好时机。大众的判断依据是荷尔蒙，而不是独立思考。在特兰·格里芬所著的《查理·芒格的原则》一书中，写了查理在投资前避免从众的两个方法：

第一，把股票看作一定比例的企业所有权。股票是企业的所有权凭证，它的价格取决于公司的内在价值。查理认为，在买入股票前，要密切关注企业的经营情况，从各个方面了解企业的经营情况。

第二，做"市场先生"的主人。"市场先生"的最大特点就是情绪化，当他心情不好，可能会低价卖出资产，心情高兴时可能会高价买入股票。投资者要冷静观察,抓住市场先生情绪不好的时候买入,因此这时股票被错误定价的可能较大。

查理一再强调,理性是一个有约束力的原则,是投资者必备的最重要的素质。投资者必须努力让自己保持冷静和客观,不受大众影响。

巴菲特说芒格的头脑是原创性的,从来不受任何条条框框的束缚。作为一名投资者,不要太高估自己的能力和运气,多学习投资知识,制定一个长远的投资目标,以免受市场短期波动的影响。同时还要合理看待他人的意见观点,避开思维盲点,进行多元市场分析,目的是让自己做出理性的投资决策。

本杰明·格雷厄姆说:"记住,你是对是错,并不取决于别人同意你还是反对你。唯一重要的是你的分析和判断是否正确。"记住永远保持独立思考,相信自己的判断,才能摆脱从众的愚蠢。

2. 如果你不知道自己的能力边界,那将是个灾难

一般来说,大多数人在投资上的亏损,更多源自内心的盲目自信,或者心存侥幸,对自己的能力根本没有一个正确的认知。而且,一个无法界定自己能力圈的投资者,往往

更容易被股市中各种各样的诱惑所牵引，进入一个未知的领域，亏损是必然的。

查理认为，没有边界的能力，根本就不算是能力。为了能确保自己做的投资在自己的能力圈之内，经过删选，查理将自己的投资领域局限在了"简单且容易理解的项目"之内。查理一直把投资的选项分为三种：第一是可以投资，第二是不能投资，第三是太难理解。

查理把"简单且容易理解的项目"归到可以投资的项目里，所谓简单且容易理解的项目就是自己要懂得，甚至有很深的研究，而不是一头雾水。像被投资者偏好的制药业、高科技行业，都被查理归认为太难理解。

因此，投资者们应尽量在自己的能力圈范围内寻找机会，放弃对能力圈之外各种机会的觊觎。

查理在投资过程中，从来不买自己不熟悉的股票，哪怕一些股票的前景看起来属实不错。巴菲特也曾说："如果有1000只股票，对999只我都不知道，我只选那只我了解的。"在常人看来，这种行为似乎有些过于谨慎，但查理和巴菲特都十分清楚，只有在自己的能力圈内进行投资活动才是最安全的。正如沃伦·巴菲特曾说："如果我们有什么本事，那就是我们清楚自己什么时候处在能力圈的中心，什么时候正在向边缘靠近。"

查理说："你需要做的，就是找到一块自己的特殊能力领域,然后把精力专注于此。"每个人的能力圈是不同的,所擅长的领域也是不一样的。当高科技行业飞速发展时,众多资本家纷纷投资,大批投资者纷纷跟投,每个人都看好高科技行业的前景,无论是微软还是英特尔。

而查理和巴菲特却意外放弃了高科技这块肥肉,其根本原因就是他们都不认为自己在高科技具备任何优势,尤其是难以理解软件、电脑等科技行业。查理说,他和巴菲特都不觉得自己在高科技行业具备优势,因此,他们选择正视自己的知识缺陷,尽量避开它,这也正是他们高明的地方。

因为在查理看来,要扩大自己的能力圈,是非常困难的。他说,假设我们不得不靠音乐谋生,那么我们不知道得把标准降低到何种程度,才能得到演出的机会。查理说:"你们必须弄清楚自己有什么本领,自己的优势在哪里,如果你非要玩别人玩得很好,而你却一窍不通的游戏不可,你注定会一败涂地。"

不过,这也不意味着能力圈不能扩大,能否扩大和你选择的目标有关。查理说,假如你想成为世界上最好的运动员,要不了多久,你就会发现那是白日做梦。而如果你想成为某个地区的优秀管道工程承包商,只要你下定决心,并且愿意付出努力,有很大的机会实现这个目标。查理总结说,有些人的成就取决于天赋加努力,而有些优势是可以通过后天努力去提升的。我们大多数人所能做到的，都类似成为某个地区的优秀管道承包商。

对于能力圈的界定，查理表示："如果你确有能力，你就会非常清楚你能力圈的边界在哪里。如果你问自己是否过了能力圈的范围，那就意味着你已经在圈子之外了。"

关于如何划定自己的能力圈，可以从自我认知和对象认知两个方面来进行。

自我认知：简单来说，就是知道自己能做什么，不能做什么。一些人在多个领域具备的能力处于不同的水平，此时就需要我们做出取舍，放弃那些处于中等水平或低于中等水平的能力，将目光集中到自己极为擅长的领域。尤其要避免一些内心热爱带来的干扰，比如我喜欢画画，但总是画不好。

对象认知：也就是对投资的领域是否具备一定的了解。比如，是否能够判断某一家公司的竞争优势，列举一个检验清单。

（1）该公司提供什么样的产品和服务，这些产品是如何使用的？

（2）该公司的产品和服务是否具备一定的市场？

（3）该公司的产品与竞品的最大区别是什么？

（4）该公司的目标客户是谁？

（5）该公司是否只是依赖单一或多个主要客户？

（6）该公司是否能够快速适应经济状况和商业状况的变化？

对于投资者来说，我们都需要清楚自己的能力圈，充分发挥自己的优势，避免去做一些力不能及的投资。如果因周围环境和人的影响，而盲目涉足自己不熟悉的投资领域，会使自己的生活变得一团糟。

3. 大量地分散投资，简直是缘木求鱼

查理和巴菲特将配置资本看作投资者的一种必备技能，如何通过正确地配置资本实现资本的保值和增值是投资过程中最重要的工作步骤，它决定了投资是否合理，是否能够获利。查理对配置资本的重视也是他能够在投资领域无往不利的重要因素之一。

在查理看来，正确配置资本的核心一共分为三个部分。

第一，是对机会成本的选择。机会成本可以简单理解为当我们选择某一投资项，所放弃的其他机会带来的最大价值。比如，我们现在拥有10万元的原始资本，面前存在三种投资的渠道：（1）银行固定存款，年收益率为2%，所得收益为2000元；（2）代理投资，年收益率为4%，

所得收益为 4000 元；（3）借给他人做生意，年收益率为 10%，所得收益为 10000 元。假如我们选择了代理投资，机会成本就是 10000 元，假如选择借给他人做生意，我们的机会成本就是 4000 元。

查理将机会成本作为投资的一个基本筛选标准，并给出了一个形象的比喻：当我们面对两个追求者时，如果其中一个人比另一个人优秀一万倍，那我们就不必在另一个追求者身上浪费时间了。这就表示，当我们在面临多个选择时，一定要选择机会成本最低的那个选项。机会成本的意义就在于让我们正确了解每一项选择背后的价值，从而培养从成本角度考虑问题的思维方式。

除了金钱，我们在投资中的时间、精力以及所能掌握的其他因素，都可归于判定机会成本，进行资源配置的范畴。一旦我们了解到什么是最重要的，其他的一切选项就变得毫无价值。但机会成本的界定在于"掌握"二字，也就是所有的机会在我们的认知中拥有同等的地位。

巴菲特曾表示自己一生中犯的最大错误就是收购了伯克希尔·哈撒韦这家纺织公司，在同等条件下，他也可以收购一些类似喜诗糖果的优质公司，其未来的资产规模也许是如今的十倍。

但收购喜诗糖果算不算是机会成本呢？并不算，因为巴菲特受限于当时的认知，在他的选择中并没有收购喜诗糖果这一选项。这也是为什么现实生活中一些人喜欢将钱存进银行，仅享用较低的年收益率，而放弃进行年收益率较高的理财投资，最大的原因就是他们不了解或不信任这种投资，这些投资并不在机会成本之内。

第二，在投资时机来临之际，懂得下重注。在查理看来，频繁进行投资的人都属于投资的失败者，对于所有投资者而言，把握住投资机会，懂得高价下注才是最合理的。因为股市的走向十分不稳定，受到各种因素的干扰，比如，难以预测的宏观经济走向、政府的政策干预等。因此，投资者要少做决定，多做研究。其实，在投资过程中，决策成本是限制投资者成功的最大主观因素之一，决策的频率越高，失败的概率也就越大，不停地观望往往会使投资者失去最佳的投资机会。

查理太姥爷的经历给他留下了十分深刻的印象，也为他后续的投资生涯带来了一定的启发。这位老人曾经参与过黑鹰战争，获得了一些战功，退伍后在爱荷华州定居。当时，爱荷华州的土地价格极低，一英亩甚至还不到一美元，他看准时机，购买了大批的土地，最后成了整个小镇上最富有的人。他曾一遍又一遍地为查理的母亲讲述自己的故事，并表示自己赶上了好时候，上天给了他几个足以改变人生的大机会。

当这个故事被讲给查理听时，查理意识到属于自己的重大机会来临了，即便只少数几个，也足以改变自己的人生，但关键是做好准备，抓住这些机会。投资就是如此，一个足够好的机会远比一些普通的机会好得多，只要抓住这几个机会就足够了。沃伦·巴菲特也曾表示，当一个人居住在一个小镇上，他拥有这个小镇上最好的三家企业，如此配置资本就可以使其立于不败之地。因此，当机会来临时，你的胜算越大，成功的概率越高，就越应该下重注。

第三，要懂得及时放弃。查理认为长期投资并不意味着一定要坚持到底，当公司业务糜烂不堪时，依旧选择硬撑是一个十分愚蠢的行为。无论多么钟情的公司，一旦出现业务恶化的苗头，投资者一定要及时放弃，避免削弱前期所带来的收益。

查理在总结投资失败的经验时提到了关于《奥马哈太阳报》的投资，巴菲特因情怀选择投资了《奥马哈太阳报》，虽然接下来的《华盛顿邮报》在短时间内为巴菲特提供了高额的回报，可随着互联网的兴起，纸质媒体被时代所抛弃，巴菲特的坚持也无法改变出售《华盛顿邮报》的最终结局，其中的亏损不言而喻。

一些投资者在获利之后，贪婪之心驱使他们想要获得更多的收益。而若是投资失败，他们也期待时来运转，成功翻本。但这对于投资来说是极为不利的，因为一味沉溺于投资，不懂得止损，最终的结果往往会得不偿失。

因此，投资者在投资过程中一定要懂得正确地配置资本，分辨机会成本，把握投资时机，并避免沉溺于投资当中不懂得及时止损。只有这样才可能使自己在投资领域游刃有余，稳定获利。

4. 赚钱的秘诀不在频繁地买进卖出，而是等待

查理·芒格说："你需要的不是大量的行动，而是大量的耐心。你必须坚持原则，等待机会的降临，然后用力抓住它。"他还说："聪明人在发现好的机会之后，才狠狠下注，其他时间按兵不动。"

投资，尤其是股票投资，在众多投资者眼中就是一个不断买进卖出的过程，在一个投资标的获利之后，马上进行下一次投资，以实现不断盈利。但查理却不认同这种仅存在于理想中的投资状态，在他看来，投资获利的核心并不在于买进卖出，而在于等待。

投资本就是追求一个长期的结果，而不应该期望像赌场一样立刻见到回报，查理十分反感非常频繁地买进卖出，他更倾向于在合适的时机以合适的价格购买并长期持有一家优秀公司的股票，然后静等收益，这种方式也被他称为"坐等投资法"。

坐等投资法的内核就是耐心，我们可以将其拆解成两层

含义:

第一,等待投资机会。简单来说,就是当适宜的投资机会尚未出现,或者所投资的股票价格过高时,投资者应该耐心等待合适的时机,或者目标股票下降到一个合适的价格,而并非一味追求买进,忽视股票的质地和价格。

巴菲特在将可口可乐公司作为自己的投资目标时,由于股价过高而迟迟没有出手,反而一直关注股票走势长达10年之久,直到可口可乐的市盈率降到历史的最低点。从公开资料上可知,巴菲特从1988年下半年开始到1989年上半年,一共买入可口可乐的股票超过13亿美元。自此买入后,可口可乐的股价就一直攀升,具体见下图。

可以看到,可口可乐的股票自2009年以来,持续飙升超过150%。据统计,在巴菲特投资可口可乐的31年中,股票增值16.5倍,这项投资是巴菲特获利最丰厚的投资之一。

可口可乐股价复权股价及未复权股价走势图(1970.2=1)

数据来源: Wind,信达证券研究开发中心

可口可乐股价复权股价及未复权股价对数坐标走势图(1970.2=1)

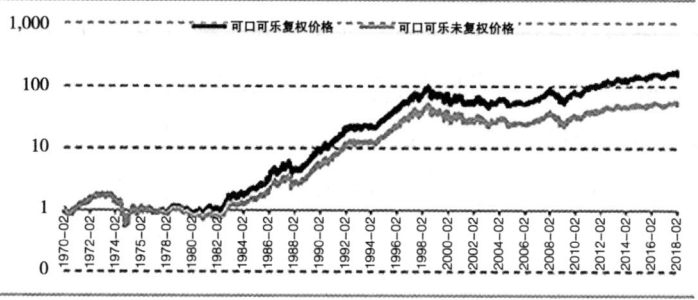

数据来源：Wind，信达证券研究开发中心

其实对于投资而言，无论是优质股，还是劣质股都存在波动的可能，而波动在一定程度上也就意味着存在获利机会。因此，有时候筛选股票反倒不如选择时机，只有抓住时机，才有可能获得丰厚的利润，但在这个过程中，投资者要耐得住寂寞才行。

第二，长期持股。当投资者购买了一定数额的低价股票之后，可以坐等它的价值提升，或者享用公司发展所产生的增值利润。这也是查理和巴菲特十分重视那些优质企业股票的原因，同时也是他们获得巨大投资成就的根源。对于一个优秀的企业，投资者所要做的就是长期持股，保持耐心，如此就可以获得令人满意的投资回报。

众所周知，查理所投资的企业并不多，他只有三笔重要的投资，但仅是这三笔投资就为他带来了令人难以想象的收益。第一笔投资就是伯克希尔·哈撒韦公司，他当时以每股16美元的价格买进，持股长达50多年，现在每股股票的价格高达30万美元，增长了18000多倍；第二笔是好市多，也被称为"开市客"，是美国最大的连锁会员制仓储量贩店，查理投资长达18年，而如今好市多的周转效率位居全球第一；第三笔是对李路的喜马拉雅基金的投资，长达15年之久。而这三笔投资也被查理称为自己一生中最成功的投资。

为何查理不建议投资者频繁买进卖出？因为，投资的收益与交易频率并不成正比，也就是说并不是我们交易得越多，获利就越多。实际上，在投资领域，赔钱的概率要高于赚钱的概率，即使赔赚的概率各占50%，我们依然会面临亏损。

举一个例子，我们有一块钱，收益率和亏损率都是10%，无论是先赚后赔，还是先赔后赚，我们的投资结果都是0.99元。但两次交易下来，我们都处于亏损的状态。因为在每一次投资之后，我们的本金都会发生变化，盈利使本金增长，但下一次亏损的基数是原有本金加上盈利，也就是说如果想要保持本金不变，第二次的亏损率一定要低于第一次的收益率，如此往复，本金的增长会使较低的亏损率直接吞噬掉前几次的盈利。反之，如果我们第一次面临亏损，本金就会下降，想要保持本金不变，第二次就需要收益率高于亏损率。也就是说当我们想要维持原本的收益，就需要更高的盈利幅度。

总地来说，当我们在投资过程中频繁地买进卖出，想要赚到钱就必须保证每次的盈利率要远高于亏损率。然而，这种情况在现实生活中几乎是不可能的，因为没有人可以控制盈利和亏损。这也就意味着当多次盈利造成本金增长后，一次亏损就可能将我们之前的所有盈利损失殆尽。

因此，在查理看来，当我们抓住投资时机，并购买了一定量的资产后，还需要有足够的耐心等它逐渐升值，实现利益最大化，而不是在不断盈利和亏损中享受短期的投资体验。

在没有感受到好事降临之前，要心甘情愿地等待。沉住气，才能为未来真正的机会到来做好充分的准备。

5.机会只有少数几个，如果赔率对你非常有利，就下重注

在投资市场，当资金向短期或长期高收益率的资产进行流动时，就形成了最佳的投资时机，而投资者所需要做的就是抓住这种时机，坚决地采取行动。

在投资界，一些人总是认为只要努力地工作，或者聘请更多具有商业头脑的人，就能保证自己在投资中百战不殆。比如，一家大型投资机构聘请很多人来比较默克制药公

司和辉瑞制药公司的价值,并对股票加以分析,自认为可以打败市场。而在查理看来,忽略一些可以全力出击的良机的做法无疑是愚蠢的。

查理不会立即冲去买股票,哪怕他已经确定了股票的价值,他还会等一个正确的时机。在这个时机出现前,他还要做一些检查。也许他长时间都没有行动,但一旦删选完成,稀有的黄金时机出现,查理决定要投资,他就会狠下心来下重注。这种机会不需要太多,几次就可以使我们的财富翻上一番。伯克希尔·哈撒韦公司所积累的数千亿美元大部分都是由10个最佳投资机会带来的。当然,前提是当我们遇见好机会时,舍得下重注。

查理认为坐失良机的错误一般分为两种:第一,就是像投资管理界的那些人一样,什么都不做,这种行为也被巴菲特戏称为"吮吸我的大拇指";第二,在时机出现时,本来可以下重注,却只买了一点点。查理和巴菲特就曾犯下过这样的错误,他们因沃尔玛的股价开始上涨,而没有买进,结果导致自己少赚了几十亿美元。虽然这并不是实质亏损,却是由于坐失良机而丧失的机会成本。

巴菲特在《致股东的一封信》中表示,如果一定要选择投资,那么正确的心态就应该是在别人贪婪时感到害怕,在别人害怕时自己却要贪婪。这句话的本质就是提醒投资者需要对投资时机进行选择。很多投资者就像一个一直将盐卖给盐商的人，只要盐商继续购买食盐，那他们手中的盐就一定可以卖出去，这对于经商来说是行得通的，但并不适用于投资。投资者的角色不应该是供应商，而应该是采购食盐的盐商，在适合的时机投入重注低价购入，高价卖出。

此外，把握时机最重要的一点就是能够在时机来临时，保持一颗清醒的头脑。作为推动市场回归理性的主导者，黑天鹅事件的出现总是让整个投资市场血腥弥漫，但我们不得不承认它的确为所有投资者构建了足够大的安全边际。在企业实质价值和发展势头不变的情况下，股价飞速下跌，为投资者带来了一个绝佳的投资机会，除了优质企业外，一些发展一般的企业也因股价下降而开始具备投资价值。

但是，黑天鹅对市场带来的冲击，会为所有投资者呈现这样一个画面：数以万计的财富一夜蒸发，惨叫、怒吼充斥着整个投资市场，投资失败导致家破人亡的新闻接踵而至……此时此刻，投资者是否还能保持本心，不被周围的恐惧所侵蚀？是选择随波逐流，坚守待变，还是抓住时机，趁机低价扫货？这时候就需要投资者保持清醒，把握住这千载难逢的机遇，义无反顾地买入自己关注已久的优质公司。

那么，投资者如何才能把握恰当的投资时机呢？《穷查理宝典》一书中提到了一位优秀的棒球运动员——泰德·威廉姆斯。他习惯将自己的击打区域划分为77个格子，只有当棒球出现在最佳击打区时，他才会选择出手，即使过长的等待会使他三振出局。因为，盲目击打所有位置的球会大大降低自己的成功率。

投资也是如此，巴菲特在商学院讲课的时候，也给出了一种类似的投资选择方式。他将一张考勤表作为投资的约束，表格中有 20 格空白，也就是说每个人在一生中只有 20 次投资的机会，当空白用完之后，就不能再进行投资。在这样的规则之下，投资者在进行投资的过程中才会慎重考虑自己所做的每一个决定，他们不得不花费大量的资金投入到自己真正想要投资的项目中，而且，在时机出现时有足够的资金去出击。这对投资者来说是一件好事。

成功的投资就意味着具有足够的耐心，又必须在该采取行动的时候主动出击。好的项目并不会经常出现，我们所需要做的就是当它出现的时候，将钱集中投资在少数的好项目上。

6. 让自己始终处于时代的第一线，从中窥见未来存在的机会

查理认为在投资中只有懂得改变并接受无法消除的复杂性，才能适应瞬息万变的投资市场。

投资最忌讳的三件事就是看不见、看不起和看不清。这种对新生事物的抵触心理在投资领域是十分不利的。查理

和巴菲特在投资方面的失误和遗憾大多是与新生事物有关。

在高新技术飞速发展之际，查理和巴菲特默契地对科技股的投资选择了忽视，依旧将目光放在一些从事生产和制造的企业。这种谨慎源自第一次投资的失败，而就是这次投资差点使查理放弃了之后的投资生涯。他在投资初期拿出了所有的积蓄投资了帕萨迪纳的一家企业，并十分看好该企业所研发的新型电报机，但不久之后，磁带问世，导致这款电报机在投入市场后，在全球范围内只售出了三台，查理也因此失去了所有的钱。这次经历使得查理在很长一段时间都避免在科技领域进行风险投资。

但查理并未否认科技股在投资领域带来的巨大收益，他认为科技是杀手，同样也是机会。美国最优秀的投资公司红杉资本带着极大的热情去投资前沿科技领域，在发展初期，苹果、谷歌等未来的知名企业都得到了红杉资本的风投基金，而红杉资本的选择也使得它比任何投资者都成功。

当然，仅从业务角度来看，线上的发展终究无法抹杀线下零售业，但线下零售业的盈利会变得愈发困难。在查理看来，企业的发展几乎等同于生物的进化，在自然界，所有的个体都将死去，被发展洪流所淘汰，只不过是时间长短的问题。就像巴菲特投资的纸媒行业，一时风光无两的《华盛顿邮报》在几十年后也会逐渐没落，被新媒体所替代，巴菲特即使心中有再多的不甘，也无法改变现状。

因此，这种人力难以抗衡的自然法则也是投资者需要重视的问题，尽管查理和巴菲特在最初会避免做一些类似投资科技股的事，但如今伯克希尔·哈撒韦公司也投资了苹果、雅虎等高新科技企业以及达美航空、西南航空等航空企业。

在查理看来，只有不断学习，不断进步，才能跟得上变化的脚步。一个时代永恒不变的就是它一直处于发展中，证券市场、宏观环境等都不是一成不变的。我们既需要坚持原则，也要看到未来的变化。几百年前，蒸汽机取代了畜力，如今微信、QQ等聊天工具取代了短信和电话，移动互联网取代了卫星电视、纸质媒体。总的来说，一个行业的商业模式很可能会被某一个领域的技术所推翻。如果我们放弃学习，拒绝改变，就难以在日新月异的环境中站稳脚跟。

不管以往的投资模式和规则为我们带来了多大的稳定收益，也不管新生事物对于我们而言存在多大的未知风险，这些都不妨碍苹果、微软、雅虎等科技股成为美国市值最高的股票。我们所能做的只有学习，懂得谋求改变，让自己始终处于时代的第一线，并从中窥见未来可能存在的机会以及某类行业即将面临淘汰的风险。那么，投资者如何才能做到改变、适应改变呢？

（1）主动去了解市场和环境的真实本质，不要奢望它们反过头来适应自己。

（2）不断审视自己长期坚持的旧有观念，根据周围的变化进行修正。

（3）正视实现的变化，即使我们再不喜欢它，它的存在和发展都有其必然性。

这个世界唯一不变的就是变化，每一个行业都是在不断发展和进化的。如果我们忽视或者逃避变化，就意味着放弃了学习和成长的机会。优秀的投资者从不会固化自己的投资风格，而是在不同的经济背景下，不断调整自己的投资风格，适应市场变化。

7. 所有的投资必须从评估风险开始，而不是展望赢利

风险评估是投资中的一个重要环节，亏得起叫投资，亏不起就在某种意义上变成了赌博。查理认为所有的投资评估都应该从测量风险开始，一个合理且准确的评估，是保障投资者各方面利益的基础。

在查理的投资原则检查清单中，最重要的一块就是风险评估。查理认为，所有的投资评估都应该从测量风险开始，尤其是要判断自己的风险承受能力，以最大程度降低投资失败带来的负面影响。

巴菲特也曾表示，投资者要像女性一样投资。他认为女性在投资中具有更多审视的风险偏好，因为女性对于安全感的需求度要更高，这意味着她们对投资风险格外关注。反观男性，他们一般喜欢追求高风险、高回报的刺激感，并希望通过投资结果来验证自己的判断。当然，无关乎性别，巴菲特所强调的只是希望投资者拥有更多审慎风险的能力，避免以急功近利的态度对待投资。

在查理看来，测量风险的内容核心一共有五项：测算安全边际、拒绝与道德品质有问题的人进行交易、坚持为预定的风险要求合适的补偿、警惕通货膨胀和利率的风险、避免本金持续亏损。

第一，测算安全边际。测算安全边际的意义在于弥补投资中不确定因素的干扰所带来的投资风险，为投资提供更大的容错空间。查理将安全边际解释为在投资中获得的利润始终要高于所付出的价值，简单来说，就是我们所购买股票的价格要低于它的内在价格。比如，我们以每股10元买进了一批股票，但股票的预估价值为20元，当股价因一些风险下跌至10元后，我们依然可以保证本金的安全。因此，投资者在买进股票时，除了关注市场价格波动，还要考虑现实中的一些变数，为所投资的标的定下一个合理的买入价位。

常见的价值评估的方式有两种：一种是通过企业的市盈率判断，当一家企业的股票市盈率过高时，当前的股价就处于虚高的状态；股票的市盈率越低，就意味着股票的盈利能力要远高于标价；另一种方式为分析市价账面值比率，将股价除以每股资产净值得出一个数据，通过该数据我们就可以从企业资产价值角度判断出股票的基础价格。这种方式常用于银行、保险等行业的股票风险测评。

而巴菲特在评估股票内在价值时采用了一种自由现金流的模型。他在1994年《致股东的一封信中》提到，一只股票的内在价值取决于该企业所产生现金的折现值，其核心在于该企业是否存在持续创造现金的能力。没有或虚构自然不算，但不自由的现金流也不算在内，"不自由"的意思是一家企业虽然有钱，但无法自由支配，上游被供应商限制，必须先付款才能发货，下游被客户拖欠，无法彻底结清余款。

第二，拒绝与道德品质有问题的人进行交易。查理和巴菲特在投资时，对企业的管理团队也有一定的要求，尤其是在道德品质方面。他们是否存在操纵股价、灰色并购的行为，这些过往的信用记录十分重要。我们不要指望一些道德败坏的管理者能够在巨大利益面前保持本心。因此，我们需要规避企业自身的经营风险，同样也要警惕企业经营人所存在的道德风险。

第三，坚持为预定的风险要求合适的补偿。由于一些特殊地区的经济不确定性要更高，投资者所需要承担的风险也就更大，所以，投资者需要坚持要求高额的风险补偿，才能有效规避投资风险所带来的巨大损失。

第四,警惕通货膨胀和利率的风险。在股票投资市场中,如果通货膨胀持续,导致市场低迷的周期变长,货币也将贬值,所投资企业的实际盈利也会被压缩,股价也会随之下跌,或者借贷的利率提高,企业融资的成本增加,股价也会出现下跌的情况。我们所能折现的价值也就变低。这意味着我们必须提高投资目标的收益率,继续降低买进股票时的价格。

第五,避免本金持续亏损。在巴菲特看来,投资的三个重要原则为:一是保住本金;二是保住本金;三是时刻牢记前两条。投资的风险测评标准之一就是判断自己是否可以保住本金,投资者在进行投资时首先考虑的不是赚大钱,而是要保证安全,避免踩雷。

对于所有投资者来说,投资就像是一场风险重重的丛林探险,在启程之前,我们一定要检查好自己所准备的东西是否足以应对那些未知的风险,一旦准备不足,就可能使其迷失在丛林中,找不到回来的路。

8. 在不确定性面前,理性也无法完全规避风险

我们一直倡导投资要理性,不能盲目,不能感性。但这是不是意味着一个人的理智一定可以帮助他在投资中盈利呢?答案是否定的。

查理认为在不确定性面前,理性所产生的作用微乎其微。因为,即使再聪明的人同样也会犯一些疯狂到极点的错误。

为此,查理举了一个投资失败的例子:一家公司决定让所有的金融人才各自挑选一个投资项目,群策群力,然后进行汇总并投资。结果在连续尝试三次之后,投资依然没能成功。查理评价说,他们的错误就在于过于相信自己的理性,认为只要自己的智商和教育程度足够高,手中的数据模型足够多,集思广益之下所得出的方案必然是正确的。然而,他们忽略了一点,投资是动态的,始终存在不确定性。就算查理、巴菲特等投资盈利过百亿美元的投资大神,也无法保证每一次投资一定能够盈利。

投资是一门挑战不确定性的艺术,一方面我们无法预测股票的走向以及某些企业未来的发展;另一方面在投资过程中,股票的买进卖出往往都是在信息尚处于模糊的情况下进行的。尤其是一些以新兴产品、新技术为业务核心的企业股票,由于企业发展存在未知性,股票市场在最初只会给出一个较低的价格,可一旦形势明朗,股票的价格就会迅速飙升以表现这种变化。对于一些信息能力不足的散户来说,此类股票很难抓住盈利的机会。当某个信息获得充分发酵,并展现给大众时,如果此时再去投资,再无获得超额盈利的可能。

理性只能影响投资者的决策,却无法干扰投资在不确定性中的进程和导向。因此，我们不应该盲目依靠理智，成为另一种意义上的赌徒，我们必须要清楚地认识到这种不确定性的存在，并由衷敬畏不确定性。学会每时每刻提醒自己，不能被眼前某只股票暂时的已知信息蒙蔽双眼，而放弃对全局不确定性的考虑。

一旦我们自我感觉良好，认可当前虚假的稳定，就可能出现一些难以控制的疯狂行为，比如，当市场好转，或者股票呈现上升趋势时，疯狂买入，致使内心的贪婪得以放大，而当市场不稳，股价暴跌时，我们又开始疯狂抛售，内心感到恐惧。这就是由于我们将认知束缚在一个短期的表象中，而下意识忽略投资中始终存在的不确定性。查理自认为最失败的一次投资就是由于忽视不确定性导致，他在股票增长5倍时选择全部售出，而这只股票最终增长了将近30倍。

对于投资者而言，当自己处于信息不完整、股票走势不明朗的情况下，可以采用以下的方式帮助自己使投资变得更加合理。

（1）收集额外的信息，并对其进行深入分析，估算每一种情况出现的概率，在投资时尽量留足安全边际，降低投资失败的风险。

（2）在思考中为不确定性留出一定的位置，时刻保持对不确定性的警惕，找到自己面对投资市场最适合的姿势。

无论是好消息,还是坏消息,都在自己的意料之内,降低内心的情绪波动。

(3)避免一味坚持某个喜欢的标的,或者将全部资金投入其中,无论盈利还是亏损,只有一直站在投资市场内,我们才能赚到钱。

即便我们收集了足够的信息,做了足够的表达,内心足够理性,也不要指望投资没有风险。其实,投资在去除投资者经验、嗅觉、数据等一切外衣之后,其本质上也有赌博的成分。

在投资中,我们往往习惯通过一些"确定性"来规避风险,为此,在很多人心中,风险等同于不确定性。但实际上两者是存在很大差距的。在风险已知的情况下,我们所熟知的事物基本上都是确定的,唯一波动的点就是概率,而我们可以通过统计学思维进行分析,帮助我们做出更为明智的选择。但在不确定性存在的情况下,所有的事物都是未知的,这就意味着像统计学思维之类的任何辅助方法都难以做出正确的选择,我们最大的依仗还是长期投资所积累的经验和直觉。

因此,在充满不确定性的世界,我们根本就无法通过计算风险来决定最佳的行为方式,我们必须面对未知所产生的任何情况。可对投资而言,即使无法找到绝对安全的选择,我们还是要做出决定。如此一来,理性在不确定性面前也无法完全规避投资的风险。

总之,投资者不要拘泥于市场一时的确定性,还是要从长远的眼光,从全局看待问题,这样才能为自己提供一个独特的视角,从而做出最合理的投资决策。

9. 企业负债往往没问题,倒是资产必须担心

投资中有两个概念:负债和资产。负债可以看作从我们口袋中将钱拿走,资产则是将钱放入口袋。由于厌恶损失心理的存在,大多数投资者更倾向于关注负债,而忽略资产。但对投资而言,查理却给出了一个完全相反的观点,他认为相较于负债,投资者需要对资产进行更多的审核。

查理将世界上的投资分为两种:第一种是企业每年赚取一定的利润,我们在年终时可以拿到属于我们的那一份盈利;第二种是企业赚取同样的利润,但我们却只能将自己的盈利继续投资。查理一度表示自己十分反感第二种投资,因为该投资所获得的资产具有很大的水分。他举了一个简单的例子,一个企业将赚来的大部分利润全部进行设备维护和升级,年复一年,这些设备就成了我们的收益。一旦遭遇行业或经济危机,这些固定资产和设备就难以和投入保持同等的价值。投资者之所以要对资产进行更多审核,其目的就是为

了避免此类情况的出现。

而查理之所以认为资产必须担心，就是因为他所说的资产中含有"水分"。"水分"的本质就是所拥有的资产的实际价值要远远低于账面价值。在投资中，要谨防那些上市企业存在盈利困难的情况时，使用某种技巧，以看似优秀的企业报表来迷惑投资者进行投资。

那么，如何辨别自己投资的企业的资产是否含有水分？查理认为，资产中的水分与企业的费用支出和收入存在紧密关系。企业的费用一般分为费用化支出和资本化支出，两者最大的区别就在于是否能够增加固定资产账面上的价值。比如，企业对一些设备的日常修理和维护就属于费用化支出，是不会增加固定资产账面上的价值。而该设备的一些较大的维修和更换主要部件就可以延长设备的使用年限，就属于资本化支出，计入长期待摊费用，它就会增加固定资产账面上的价值。

但是，一些企业如果没有将日常的修理和维护支出归到费用化支出中，反而将其处理成资本化支出，变成了资产的一部分。这就在无形中增加了资产中的水分。

同样的效果还有将借贷费用资本化，企业通过进行利润操作，将一些已完成的项目故意设计成未完成，将其划入"在建工程"。比如，一家公司向银行借贷1亿元，所开发的项目已经完成，此时公司就需要向银行支付借贷利息400万元，也就是需要在利润表中将这笔费用划去。可一旦这笔费用计入在建工程中，整体的资产账面价值就会多出 800 万元，而这 800 万就是资产中的水分。

如果投资者将钱投进资产水分多的项目中，后果可想而知。而负债却几乎不会存在任何水分，由于第三方的存在，负债的金额只会老老实实地躺在账面上。没有人可以说服"债主"在不具备任何条件下为自己削减负债金额，因为这意味着对方会遭受利益损失。

资产中存在的水分也恰恰解释了为什么一些利润很可观的企业会突然破产倒闭，因为这些利润都是操作而来的，并没有化为实质的现金，它不过是一种欺瞒的手段而已。因此，查理建议投资者们在对资产进行审核时，一定要格外关注资产中的水分，避免不必要的亏损。除了应收账款项目激增外，投资者也可以通过分析以下几个重点进行判断。

（1）将企业与同类企业或企业历史进行比较，分析企业的毛利率是否出现明显异常。

（2）企业的货币资金和银行贷款是否持续保持一个较高的位置，并存在继续升高的可能。

（3）通过企业账目估算企业应交所得税和实际所得税的差距是否过大。

（4）企业现金流是否长期低于企业净利润。

总的来说，资产所具备的风险要远高于负债，投资者需要花费更多的精力去审核资产，且懂得克服负债所带来的不适感，从理性角度降低负债对自己关注度的影响。

10. 审慎，能让你好好地活着

2020年新冠肺炎疫情期间，查理·芒格在美国接受了《华尔街日报》的电话专访。虽然他已经96岁高龄了，但依然思维敏捷，他明确表示目前新冠肺炎肺炎疫情导致市场震荡，投资者一定要"谨慎"，不要急于行动。

《华尔街日报》的记者问查理，在2008—2009年的金融危机中，伯克希尔曾斥百亿美元投资了像通用电气和高盛集团这样的公司，还收购了其他一些公司。这次危机，伯克希尔会像上次一样进行大规模的买进吗？

查理回答："伯克希尔现在正处在有生以来最严重的台风中，我们就像是船长，现在我们唯一能做的事就是活着等待台风结束。希望台风结束后，我们能有充分的流动性，而不是感觉世界末日来了，不得不把所有身家都投进去。"

查理还说，巴菲特希望那些把自己90%的资产，都投给了伯克希尔的人安全。因此，他强调，不会采取激进的措施去捕捉所谓的机会，而会表现得相当保守。这样等危机结束,才能变得更加强大。

在查理看来,要在投资市场上好好活着,投资者就一定要保持一种审慎的态度。审慎是指周密而慎重。周密,简单来说就是投资的严谨性。查理频繁画出自己的能力圈、判断投资的安全边际、用多元思维模型审视现状……这所有的原则和模型,都在帮助查理进行周密的投资选择,以避免人性中的缺陷干扰自己,降低犯错和失败的概率。

查理的审慎,我们可以从他的投资检查清单上窥知一二,检查清单上的问题如下:

目前的价格和成交量是多少?
交易行情如何?
经营年报何时披露?
是否有其他敏感因素?
是否有随时退出的投资策略?
手头是否有足够的可用现金?
如果需要借贷,机会成本是多少?
……

在投资之前,查理会对上面的问题逐一进行审核,其仔细程度是普通人难以想象的。

如我们所知，查理投资的项目并不多。因为他从选择股票到购入股票，这中间要经历一个非常烦琐的筛选计算过程。而绝不像我们现在身边的很多人，看到别人买什么赚钱了，自己立马跟在后面买入。这个过程大概只需要几分钟，几个小时，最多几天。

查理买股票的第一步是进行基本、全面的筛选，标准是"容易理解的""有发展空间的""能在任何市场下生存的主流行业"。这第一道关卡过去，能留下的股票并不多。然后，查理会对留下的公司用思维模型进行第二轮筛选，这个过程很费劲但很有效果。查理不喜欢沙里淘金，他喜欢用"重要学科的重要理论"去寻找别人没有发现的大金块。

在这个详尽的评估过程中，查理并不仅仅是看看数据资料，他时常对公司每年披露的财务报告和会计工作持有怀疑态度。他会根据自己对现实的认知，重新调整财务报表上所有的数字。他还会评估股票期权，养老金计划，退休医疗福利将可能给未来带来的影响。对于公司的负债情况，他审核得更加严格和仔细。他也会对公司的管理层进行评估，这个可不是数字能够概括的。

总之，查理在决定买股票前，要考察的额外因素无穷多。除了企业所处的行业情况，供应商和客户的关系状况，甚至包括当今以及未来的制度大气候、劳动力问题、环境问题、社会潮流等等。

如果你认为这一套缜密的流程下来，就够了，那你错了。查理还要计算整个公司的真正价值，在考虑未来股权稀释的情况下，确定每股值多少钱等。

到了这里，能在查理手中剩下来的必定是一家极为优秀的值得投资的公司。即便到了这个时候，查理也不会立即下注。因为在正确地选择股票之后，还需要确定一个正确的购入时间点。然后，他会更加精细地进行甄选。

烦琐的思考过程，会导致查理长时间没有"行动"，这也是为什么我们看到查理的投资项目并不多的原因。

在这一点上，巴菲特和他持有同样的想法。巴菲特在商学院讲课时说："我用一张卡就能改善你的经济状况。这张卡上一共有20个格，所以你只有20次打卡的机会，这代表你一生中所拥有的全部投资次数。当你把卡打完，也就不能再进行投资了。"他说，"只有在这种情况下，你才会真正慎重地考虑自己所做的事情。"而当你花费大量精力和金钱在少数真正想要投资的项目上，你的表现将会好得多。

查理十分审慎，如果没有十分中意的项目，他宁愿不投也绝不滥投。因此，绝大部分的项目都被他否决了，以至于巴菲特将他称为"讨厌的说不先生"。如此谨慎的投资风格，的确让伯克希尔错过了微软、苹果、亚马逊等项目，但同样也无数次避免了掉入大坑中。自 1970 年开始，美国经历过多次金融危机和股市动荡，但伯克希尔一直没有出现太大的亏损情况。

查理的全部资产在并入伯克希尔时，该公司的股价只有 38 美元，但随着公司的良好经营，2019 年时，每股的股价涨到了 34 万美元。在 2020 年，尽管新冠肺炎疫情席卷全球，伯克希尔的股票经历多次大跌，目前的股价仍高达 27 万美元一股。

真正优秀的投资者都是非常小心的，因为投资市场风云诡谲，只有多一点谨慎，才能让成功的概率高一点。

11. 渴望在投资中做到物理学那么精确，只会让你深陷麻烦

查理·芒格将"物理学妒忌"视为经济学的缺陷之一，他认为"物理学妒忌"会导致人们习惯采用有效市场理论教条，并根据该错误的理论进行推理，从而得到一个不切实际的结论。

所谓"物理学妒忌"，就是将投资的理论与物理学对标，以锱铢必较的数学模型进行解释。简单来说，就是理论

过于理想化、标准化,而难以真正应用到实践中。的确,类似"GDP""合理股价""经济指数"等理论必须利用数据才能进行精准地呈现,但如果将这种理论完全落实到实践中就需要一个绝对的前提——人的纯粹理性,但这种假设是不现实的。因此,在"物理学妒忌"下的投资模型往往是偏离现实的。此外,包括投资在内的一些知识或理念,一般不适合被数据化,甚至根本无法被数据化,完全凭借投资者的经验和嗅觉。

查理给出了一个简单的例子,在"物理学妒忌"的前提下,通过数据模型的推算,任何公司购买自己的股票都是一个错误的选择。因为按照投资理论的说法,一家公司股票的浮动,根本无法为该公司带来收益。麦肯锡的一个合伙人十分推崇这种经济学推理方式,后来他被聘请为《华盛顿邮报》的顾问,在《华盛顿邮报》股价低迷时,即使初入投资界的人都能明显察觉到股票的价值远高于股价,然而,他却对自己的理论深信不疑,坚持《华盛顿邮报》不必购买自己的股票。所幸,沃伦·巴菲特是当时《华盛顿邮报》的董事会成员,他成功说服了董事会回购了一大批股票,这也给所有的股东带来了高达10亿美元的盈利。

数据精准的合理性取决于所面对的事物,查理将一位参议员的提案与经济学教授的理论进行了对比。一些来自乡下的参议员在州议会上提出了一项新的法案，他希望法律可以将圆周率更改为 3.2，以便学生进行计算。这项提案看起来十分荒唐，因为它违背了学术研究的严谨性。但实际上，圆周率变更的目的是为方便计算，而并非彻底推翻数据的严谨性。但一些人在经济学复杂的系统中追求虚假的精准，而忽略现实，反而比这种有效的变更更加可笑。因此，在投资中追求虚假的精准并不是一种成熟的投资理论。

查理虽然十分推崇物理学的思维模型，但他更希望投资者采用各种学科的基本治学方法，借鉴其知识来源，而并非着眼于它们的判定标准或习惯，企图将投资理论达到一种无法企及的准确度。在投资中，渴望做到如物理学一般的精确非但不会带来任何好处，还会让投资者陷入麻烦之中。

12. 记住：名誉和正直是你最有价值的资产，而且会消失于眨眼之间

查理·芒格的投资之路证实了一件事："坚持正直和善良，充分运用自己的智慧，一样可以取得巨大的成功。"查理在投资中始终坚持着"宁可别人负我，不可我负别人"的原则，这使得他在获得巨大成就的同时，也收获了很高

的声誉。

查理在收购一家公司时，发现该公司还存在一些额外的债务。一般来说，在这种情况下，公司的债权会大打折扣，不过查理却不愿意对两位老人趁火打劫，并试图说服合伙人古瑞恩，按照全额支付。但由于古瑞恩打算退出这个项目，他的股份将被查理收购，在双方交涉时，古瑞恩希望查理支付20万美元，但查理却坚持给了对方30万美元，并表示对方的股票就值这个价格。自此，古瑞恩开始选择无条件信任查理，后来他在查理的带领下也成了亿万富翁。

坚持正直与善良，不仅是作为人最基本的道德要求，也是商业活动中最值得信赖的核心竞争力。一个人能够被敬仰、被憧憬、被尊重，从而产生强大的向心力、感召力和影响力，使得团队具有坚不可摧的韧性与凝聚力，其必然拥有正直与善良的操守作为最强大的说服力。坚守正直和善良，是任何人、任何企业能够长足发展的最低保障。

查理认为坚持正直和善良，路才越走越宽。他讲过一个小故事，一个人拥有一匹骏马，这匹马各方面条件都很优秀，但有一个缺点，脾气偶尔会变得十分暴躁，无论谁骑着它都会被摔下去。于是，他找到兽医希望对方可以医治这匹马，但兽医建议他说，你可以在这匹马表现好的时候将它卖掉。查理表示这种行为是不道德的，他与巴菲特两人从未为了赚钱，而诱使他人从自己手中购买那些没有价值的股票。

查理之所以能够成为今天的金融大鳄，自然与他的智慧和商业嗅觉脱不开关系，但这只是他获得成功的一部分原因，甚至并不是最重要的一部分。他所依靠的不仅是聪慧，还有坚持诚信的原则。查理在进行投资时，往往会亲自参与到具体的投资工作中，与被投资人的团队进行接触，以建立默契和信任。如果他只是精通于算计，根本无法赢得那么多人的拥护，辅佐巴菲特建立伯克希尔这个庞大的商业帝国。

关于诚信的案例在查理的人生中数不胜数。当他投资的所罗门银行陷入操作债券价格的丑闻而被调查时，他立刻站出来维护公众的利益，为众多投资者谋取公平，甚至不惜放弃所罗门银行利润丰厚的债券交易业务。同时，他还鼓励周围的员工，一定要努力工作、坚守诚信，使公司恢复声誉。

查理·芒格的这种坚持正直和善良的品质，赢得了更多人的信任和支持，也为他的事业发展奠定了坚实的基础。

第二章

要想得到你想要的东西，最可靠的办法就是让自己配得上它

如果你有些延迟满足的天分,而且能培养这个天分,你已经走在了通往成功和幸福的路上。总是要立刻得到满足,只能走上死路,还可能染上梅毒。

——查理·芒格

1. 要想获得你想要的东西,那就让自己配得上它

查理·芒格认为若是人想要得到什么,就得努力提升使自己与之相配。这种生活态度是促使人们不断进步的黄金法则,重视个人实力的提升能有效赢得我们所期望的事物,不仅仅是金钱和荣誉,还有人与人之间的尊敬和信任。

查理对"配得上"的认识得益于芒格家族的家庭教育和早期坎坷的人生经历。芒格家族崇尚"努力工作,自给自足"的理念,祖祖辈辈在保证孩子良好教育的同时,也希望他们能够拥有一技之长。因此,查理的家庭条件虽然优越,却过早地认识到工作的艰辛。在他 10 岁那一年,他成了一家杂货铺的短工,店主的严苛和抠门使他萌生对较为轻松的工作的渴望。在后来很长一段时间,他都在憧憬着"拥有一堆孩子,一栋房子,读不完的书和花不完的钱,享受自由"的生活。

但由于战争的关系,他失去了选择的权利,被迫离开大学校园前往阿拉斯加担任气象员。阿拉斯加靠近北极,荒无人烟,一年中差不多有半年的时间处于黑暗当中,为了缓解日常的无聊,他每天只能和同事打牌取乐。枯燥乏味的生

活并没有消磨掉他的斗志，他每时每刻都在提醒自己与梦想之间的距离。退伍之后，他在父亲的建议下报考了哈佛法学院，自认聪慧的他并不担心自己落榜，而结果却令他感到失望，学校以没有本科学历为由，拒绝了他。他不得已只能求助于自己的叔叔，在哈佛法学院前院长庞德的帮助下，他成功进入了哈佛。

尽管通过关系进入学校，但他在第一年就拿到了奖学金，并在毕业时以极高的荣誉拿到了法律博士证书。后来，他又在最短的时间内拿到了律师资格证，加入了洛杉矶知名的律师事务所，拥有不菲的收入。于是，他在赡养三个孩子的同时，又用攒下的钱盖了一所大房子。自此，他年轻时的梦想全部得以实现。

在查理看来，让自己能够与自己想要的东西相配，不仅需要付出努力，提升自己的能力，还要有一种"己所不欲，勿施于人"的生活态度。

2008年，在南加州大学的毕业典礼上，查理演讲时提到，"己所不欲，勿施于人"，无论是对律师，还是对其他人来说，都是一种不可或缺的态度，这种态度会使人们在生活中赢得很多东西，不仅是金钱和荣誉，还有尊重和信任。

为此，他以生活中的恶棍为例作出了解释，这些恶棍十分富有，名气也很大，但无恶不作，附近的大部分人都认为他死不足惜。如果去参加他的葬礼，你会发现几乎没有人会带着沉痛或缅怀的神色,这些参加葬礼的人更多是为了庆祝。就像一个笑话一样:一个恶贯满盈的混蛋死了,在他的葬礼上,神父请周围的人上前为死者说几句好话,但很长时间都没有人愿意站出来,最后,一个人站出来说道:"好吧,其实还有比他更差劲的。"这是每个人都不希望得到的结局。

让自己配得上自己想要的东西,是一种生活态度,又或者是一种人生态度。在查理的青年时代,他十分清楚,一间普通的杂货铺,一份安逸稳定的军队工作远远不足以支撑自己完成最初的梦想,即使在凭借关系进入哈佛大学之后,他也将努力学习的理念贯彻到底,而不仅只是依靠那个耀眼的名头。

"配得上"才是真正的拥有,你的金钱、才华和品质是支撑你去享用那些"渴望"的基础,否则,你想要的那些东西就像查理口中那些人对恶棍的敬畏一样,随时随地都会被人夺走。

2. 节俭是责任的仆人

查理拥有常人难以企及的财富,但在生活中一直保持着节俭的习惯,他认为对大多数人来说,有时候节俭虽不能使人富裕,却能够帮助人们负起应有的责任。

查理关于"节俭"方面的价值观得益于祖父的教育,查理的祖父芒格是当地唯一的联邦法官,任职长达40年之久,在他的一生中，长期保持着量入为出的习惯，不攀比、不炫耀、不铺张浪费。因此，他无论在什么时候手中都会有一些盈余。由于当时并没有联邦法官遗孀可以领取抚恤金的规定，一旦祖父芒格去世，他的祖母就不得不承担起为家庭带来收入的责任。但所幸芒格法官的节俭习惯为妻子留下了非常可观的财富，使家庭得以维持一种较为舒适的生活环境。节俭的习惯使得芒格法官在去世后，依然能够履行一位父亲的责任。

芒格法官让查理印象最深的事情是美国经济大萧条时期，他以一人之力维护了整个家族的稳定。美国经济大萧条期间，查理的故乡奥马哈也未能幸免于难，查理的叔叔汤姆开设在内布拉斯加州的一家银行由于客户无法偿还贷款而濒临倒闭，如果没有其他资金的注入，银行将彻底失去经营下去的机会。在汤姆的请求之下，芒格法官拿出了一半的积蓄来拯救这家银行，使得银行可以稳定度过罗斯福总统的银行整顿期，进而重新开业。最后，芒格法官也成功收回了这一笔投资。由于芒格法官的存在，芒格家族在奥马哈地区的近亲受到经济冲击的影响并不严重。

这一经历使查理对节俭习惯十分重视，在后续几十年的人生中，他从未出现过攀比、炫耀、铺张浪费的举动。他十分欣赏那些旨在改善教育环境和教育质量的活动，并亲自参与其中。多年以来，他和妻子南希一直资助斯坦福大学、亨廷顿图书馆以及加利福尼亚州的一所艺术收藏中心。身为八个孩子的父亲，他认为他的财富理应帮助子孙建立一个更加美好的世界。

节俭是责任的仆人，简单来说，就是当麻烦来临之际，我们可以承担起一个父亲、丈夫应有的责任。查理每时每刻都在期待麻烦的到来，并准备好麻烦到来的解决方案，这种想法看似庸人自扰，却对人本身并没有任何坏处。

查理关于"期待麻烦"的观点来源于英国古典文学学者豪斯曼的一首短诗："别人的想法，是飘忽不定的。他们想着和恋人幽会，想走大运或出大名。我总是想着麻烦。我的想法是稳重的，所以当麻烦来临时，我早已做好准备。"

豪斯曼和芒格法官的经历使他对那些未知的麻烦不再抵触，并在漫长的一生中不断迎接麻烦，解决麻烦。这种态度使他在一生中很少遇到捉襟见肘的情况。

对于普通人来说，在穷的时候，钱就是责任。没有人愿意遇到麻烦，但谁也无法保证麻烦不会出现，但至少我们能够在这些未知的意外到来以前，拥有足够的能力应对，担负起属于自己的责任。而节俭恰恰就是为这些未知进行投资，让我们不至于在未知风险面前惊慌失措。因此，比起及时行乐带来的愉悦感，银行卡里的余额往往使人更加安心。

查理曾表示，赚钱的秘诀是生活朴素、节减开销。他说自己和巴菲特年轻的时候都没有钱，那时候就努力省钱，然后拿去投资。如此坚持，才过上了富足的生活。但如今查理和巴菲特都成了顶级富豪，他们仍然厉行节俭，其目的肯定不再是单纯的省钱。在富裕的时候，仍然能够节俭，那是因为他们更愿意把钱花在自己认为有意义的地方，而不是把钱浪费在无价值的事情上。

查理有属于自己的私人飞机，但他在公务出行时几乎总是搭乘公共航空的经济舱。当人们问及他为何不愿乘坐自己的私人飞机时，他回答说，独自出行坐专机是一种浪费，而且坐商用飞机更加安全。他只有带着妻子和孩子外出度假时，才选择乘坐自己的私人飞机，因为他认为妻子为自己付出了很多，这是他应尽的一份责任。作为搭档的巴菲特与查理的想法一致，在回答商学院学生的提问时，他说道："钱不是万能的，你买不到健康，也买不到爱情。我宁愿和我喜欢的人一起在俱乐部中打高尔夫，而不是在世界上最豪华的高尔夫球场上。我的目标从来都不是让人羡慕。"

总之，节俭并不意味着就是做一个一毛不拔的守财奴，而是要杜绝一切毫无意义，或者意义不大的开支，不会因金钱的问题为自己留下遗憾。

3. 每一次不幸都是良好的表现机会，都是学东西的机会

查理·芒格十分推崇爱比克泰德的生活态度，他认为生活中遭遇的所有灾厄，无论多么煎熬和痛苦，都是一次磨

炼自我的机会。我们不应该在痛苦中沉沦，反而要利用每一次不幸使自己变得更加强大。这种生活态度对查理的整个人生有着至关重要的影响。

纵观查理的一生，最大的不幸莫过于年轻时的那场草率的婚姻，在结束短暂的军旅生涯后，他在加利福尼亚理工学院遇见了南希·哈金斯，原本不同世界的两个人因一时的冲动走到了一起。但战争岁月下的爱情总是浪漫且缥缈的，与许多战后夫妻一样，他们开始各自寻求高等教育的机会，并开始了正常的家庭生活。多年以后，两人才意识到这场婚姻本就是一个错误，最终分道扬镳。这一不幸的经历使得查理在面对未来婚姻时更加理性，成功避免了重蹈覆辙，而第二任妻子也不负众望地成为他人生中最完美的助力。

而身为搭档的巴菲特最初却并未意识到这一点，以至于犯下了一个十分愚蠢的投资错误。众所周知，查理和巴菲特两人在采访中不止一次表示，收购伯克希尔·哈撒韦这家纺织公司是一项错误的投资，可由于伯克希尔公司良好的经营方针，使他们并未遭受失败，反而成了投资界的大亨。

但是，查理还是十分理性地分析了这项投资所带来的巨大风险和弊端，巴菲特也意识到了问题所在。可仅仅13年后，巴菲特又做了一个类似的决定，收购了一家同样位于新英格兰地区的纺织企业——Waumbec Mills。但这家企业却没有复制伯克希尔的成功，几年之后不得不以倒闭收场。

这次失败的经历也让巴菲特悔恨不已，彻底吸取了教训，在未来的投资生涯中放弃了对这些劣质企业的关注和投资。

在现实生活中因决策失误而导致不幸是难以避免的事情，我们无法要求一个人永远不犯错，就像查理·芒格和沃伦·巴菲特这种阅历极为丰富，嗅觉极为敏锐的人，同样也在高科技兴起之时选择了避让，从而错失了投资的良机。因为所有的事物都是在不断变化的，一旦我们无法快速适应这种变化，就很容易导致错误的出现。在查理看来，谁都难免犯下一些愚蠢的错误，但所幸我们可以在错误中吸取教训，并减少后续不必要的决策失误。因为犯错的意义就在于为我们删除了一条通往成功的错误选项。

关于生活中的不幸，查理表示当我们在面对一些始料不及的不幸时，千万不要因为自己的挫败感，让不幸从单个变为复数个。因为沉沦和堕落是大多数人遭受不幸的常态，他们在遭遇灾难、厄运和困苦时，往往会因无力抵挡这些而变得愤世嫉俗、唉声叹气，发出不公平的悲鸣。这种行为让他们的心态变得越来越昏暗，也越来越压抑。而查理所传递的，就是一种面对不幸的态度，不幸只是一种结果，态度才是决定接下来行动的关键。

教训是对失败和不幸的理性思考，它会告诉我们哪些事情可以做，哪些事情不该做。这些生活中的不幸能够让我们更加理性地分析问题产生的原因，找到事物中所遗漏的细节，也可以使我们对客观事实的认识更加准确和深刻。更重要的是，这些不幸所带来的教训不仅可以给我们留下一个避免再次犯错的标志，同时也可以为他人提供一份宝贵的经验。纵观古今，每一个成功的人都是在自己的不幸中寻找到生活秘方，吸取教训，从而获得成功。这就意味着，从某种意义上讲，不幸有时候也是一笔可贵的财富。

对于不幸而言，我们要将它们视为个人成长和发展过程中的一部分，拥有一个包容的心态，接受外界变化所导致的不适应情况。一旦我们意识到这些不幸是不可避免的，是生活的一部分，那我们就会本能地放松下来，从而有效避免因负面情绪所带来的不利影响。

与其与不幸抗争，使生活更加艰难，不如与之共存。当我们将每一次不幸都当作是进化的机会，并将自己视为一场淘汰赛中的参与者时，我们就会意识到不幸所带给我们的是一次又一次变得更加强大的机会。我们越是遭遇不幸，就越会变得强大。

人生的路上从来就不缺乏失败者，任何事都不是唾手可得的，有时候即使付出了努力，也会因为经验不足，认知上的缺陷，或者客观因素的干扰而遭遇不幸。而当我们懂得从不幸中吸取经验和教训，才能够使自己"吃一堑，长一智"，为未来的成功铺平道路。

4. 承认错误，并勇于承担自己的责任

查理·芒格在一次演讲中说，在20世纪90年代，我犯过一个特别大的错误，本来一笔应该做的投资，我没有做，否则芒格家族的财富将是现在的两倍。生活就是如此，错过一两个极佳的机会，是无法避免的。

查理让人感触最深的就是对待错误的态度，他毫不避讳自己在投资决策上的失误，并勇于承担自己的责任。这种态度对于任何人来说，都是难能可贵的。

在伯克希尔·哈撒韦第54次股东大会上，查理检讨说，他对自己和巴菲特没有更好地识别和投资谷歌感到遗憾，后悔自己没有抓住飞速发展的互联网趋势，并将后续对苹果公司的投资看作一种错过谷歌的"救赎"。

对很多人来说，像这样坦率地承认自己的错误是十分困难的，越是聪明的人，越喜欢找一些看似有道理的理由和借口进行辩解，尤其是当他们的身份地位达到了一定高度。而这两位被众多投资者奉为神明的老人，能够公开承认自己的错误是很了不起的。

查理的一生中，除了自己恪守"错误和责任"的准则，还时刻向身边的人传授这一道理。查理认为承认错误有两种意义：

第一，它表明了我们只是无心之失，或者考虑不够周全，

并在积极地寻求最佳的解决手段,让我们从一个不计后果的人变成一个勇于面对的人。

查理的儿子威廉曾讲述了自己印象最深的一件事,就是父亲对自己关于承担责任的教育。他经常开着查理的车和朋友外出游玩,但有一次在帆船上游玩时,车钥匙掉进了水里。面对几英尺深的湖水,威廉束手无策,更糟糕的是,附近也没有一个开锁的锁匠。他只好硬着头皮回到家中,向查理坦白了这件事,查理几乎本能地给出了自己的建议,让他和朋友一起潜到水底寻找钥匙,在找到钥匙之前不许回家。历经两个小时,他终于在一堆水草中找到了钥匙,并将它带回家交到了查理手中。

第二,我们的主动认错无论对人,还是对事都是一种尊重,从另一个角度体现了自己的诚恳,这对于双方后续的交往和接触都有十分重要的作用。

查理除了言传身教,还擅长讲故事,在一次家庭聚会中,他提到了自己旗下公司的财务负责人犯了错误,给公司造成了很大的损失。但那个人在错误发生后,立即向公司的董事长进行了汇报。董事长说:"这是一个可怕的错误,我们不希望你再犯同样的错误。但人孰能无过,你做了一件正确的事,就是承认了你的错误。如果你试图掩盖自己的错误,或者拖延一段时间再坦白,你将失去这份工作。但现在我们决定将你留下来。"

Facebook(脸书,现已更名为Meta)在出现用户个人信息被盗用的危机时,声誉降到了低谷,股价也随之暴跌。

而 Facebook 的 CEO 扎克伯格在听证会上的一系列操作却使 Facebook 得以重生，股价飞涨。早在听证会之前，他就已经在《纽约时报》等具有国际影响力的媒体上发表了道歉声明，并在听证会上再次进行了诚意十足的道歉。勇于认错，并积极承担责任的行为成功将 Facebook 从危险的边缘拉了回来。

强如查理·芒格、沃伦·巴菲特、扎克伯格等人，对错误都能保持一种积极的态度，但在现实生活中，当问题出现时，即使一些很小的错误，一些人也很难做到低头认错。那么，为什么人们对于认错行为如此排斥呢？

其根源在于认知上的错误，认错本身就是一种存在风险的行为。每个人都明白"知错能改，善莫大焉"的道理，但在他们看来，承认错误就意味着是对自己的一种否定，而这种否定会诱发负面情绪的出现。为了避免这种情绪或体验，人们会本能地逃避这种行为，尤其是对于一些内心敏感和脆弱的人来讲，认错所带来的压力是不可想象的。认错需要勇气，但更多的人受限于认知，很难拥有认错的勇气。但改正错误，所带来的益处，也许超乎你的想象。

查理在一次演讲中提到了一位名叫朱迪丝·瑞奇·哈里斯的作家，她以畅销书《教养的迷思》成名。在这本书出版之前，她曾在哈佛大学攻读心理学博士学位，却因缺乏从事心理学研究必备的理想素质而被哈佛开除，后来，她发表了一篇学术论文荣获了美国心理学会的一项大奖，而这个奖项恰巧是以将她从哈佛开除的人的名字命名的。关于这一错误,哈佛大学通过聘请十分敬仰哈里斯的心理学家史蒂夫进行改正。在查理看来,哈佛大学人文社科学部的声誉之所以远高于其他大学,就是因为能够改正自己在某方面放任自流的错误。

之所以要求人们在认错的同时,还要承担责任,就是为了避免一些只做表面功夫的情况出现。认错的真正表现在于我们承认自己做错了某件事,并愿意接受外界的批评和否认,承担起自己应负的责任。

5. 我的成功所依仗的就是不去追逐平庸的机会

查理·芒格认为自己的成功所依仗的就是不去追逐平庸的机会。这也解释了为什么生活中的成功者总是少数。因为太多的人热衷于追求平庸的机会,凡是在承受范围内的工作或生活,他们都可以接受。一些选择虽然看起来确实不错,但在深究之下,其实对我们所渴望的成功来说并没有太大的帮助,反而需要投入大量的资源。

客观地说,查理的家境还是不错的,有一位联邦法官的爷爷,一位毕业于哈佛法学院的律师父亲,相较于普通人,他的确从小就能接受良好的财商教育,之后的学业和事业也能获得家族人脉的支持。这也导致了他的出身就像是如今的富二代一样,有能力和资本去拒绝平庸的机会,而大多数人在缺乏这种先天优势的前提下，有时候必须依靠接纳平庸的机会来维持生存。

但是，一个人之所以普通并不是由于出身，而是他们选择一直普通地活着，最终才成为人们眼中的普通人。每个人都有选择的权利，是否追逐平庸就像是否选择普通地活着一样，与能力和资本没有太大的关系，这种选择只不过会让我们更辛苦一些罢了。

众所周知，查理曾经历过一段时间的至暗时刻，离婚、亲人离世、濒临破产等一系列痛苦让他饱受折磨。即使再婚之后，他依然需要抚养八个幼小的孩子，这对于一个初出茅庐的小律师来讲，是一件十分困难的事情。此时，查理将面临两个选择，要么专心做一名律师，要么为自己的未来增加无限的可能。很明显，他选择了后者，开始尝试进行投资，并一步步走到了如今的位置。

对绝大多数人而言，我们并非难以分辨自己是否拥有一个平庸的生活，甚至在多年之前就已经心知肚明，但就是不愿或不敢放弃稳定，去选择一个未知的未来，最终被平庸所束缚。我们时常认为自己无法成功是由于时机未到，但实际上我们总是在依赖一些存在确定性，让自己拥有安全感的选择。即使我们出现想要改变现状的念头，这种依赖也会慢慢帮助我们掐灭所有的想法，并告诉自己平凡也是一种快乐，将就何尝不是一种幸福，我们的人生也由此被定格。

驱使我们放弃追逐平庸的机会的内核是野心，它可以看作对金钱、地位的一种强烈渴求，也可以看作对未知世界的一种期待和尝试。缺乏野心会限制我们的发展，就像我们总是沉浸在自己熟悉的领域，安于现状。

我们在面对那些自己从未做过，也没有见识过的事物时，如果缺乏一定的野心，就会使自己在明明有能力做到这件事时，却不敢去做，然后失去变得更优秀的可能。此外，最可怕的就是我们不甘于平庸，却又害怕行动。结果，只能在不甘心中，看着自己沦为平庸之辈，最后还不断抱怨没有获得自己想要的人生。

6. 压力可以毁了你，也可以成就你

查理认为压力具有二重性，不仅能促使人进步，也会让人崩溃。即便是最坚强的人也会崩溃，而且一旦崩溃，恢复也非常难。更有趣的是恢复的路径，要让崩溃者恢复必须重新施加巨大的压力。所以，查理强调："对压力，我们需要有清醒的、多维度的深层认识，如此，我们的生活和工作才能一致。"

我们来具体看看查理说的压力的二重性。一方面，从积极的角度来看，压力有利于人们行为的改善。科学家认为大脑在受到适度的压力刺激时，会产生一种叫神经营养因子

的物质，让人急中生智。同时适度的压力还可以使人的抵抗力提高，促使人去追求卓越，甚至让胎儿在妈妈腹中更坚韧。

为了发挥压力的积极作用，查理在投资方面建议投资者利用考勤卡来控制投资频率，一旦打卡机会使用完就不能再进行投资。这种来自投资次数限制的压力就会促使投资者变得格外谨慎。

另一方面，一旦压力变成长期困扰，超出人们的驾驭和掌控能力，压力消极的一面就会显现。查理认为，消极的压力很容易迫使人们改变对某件事情的认知。

查理在解释社会认同倾向时，提到了社会认同倾向带来的压力在有利于好行为普及的同时，也会促进坏行为的传播，他以自己父亲的亲身经历为例。

查理的父亲和一群朋友从内布拉斯加州前往南达科他州打猎，但在南达科他州打猎不是免费的，本地人收费2美元，外地人收费5美元。在此之前，他父亲的朋友们一直使用伪造的当地地址去申请许可证。他的父亲说道："当轮到我的时候，如果我不效仿他们的行为在某种意义上就是一种背叛。"

而且压力的消极作用不仅仅是传播坏行为，如果压力过度，甚至会导致人们精神失调，出现抑郁的症状。比如，急性应激性抑郁症，它会使人陷入长期且极端的悲观态度中，精神恍惚，对生活失去兴趣。虽然由于人们的心理承受能力不同，"沉重"二字的判定标准也不同，但无论内心多么强大的人，只要压力足够大，同样会出现崩溃的情况。

查理认为即便是最坚强的人，也会因为某些刺激崩溃。而且一旦崩溃，很难恢复。查理说自己有这样一位女性朋友，在外人眼中，她永远是那么强大，可在痛失爱子之后，经常会出现精神失常的情况，误以为孩子依然在自己的身边。

除此之外，在查理看来，这些基于常规认知下对压力的认识依然不够充分，尤其是对在沉重压力下所导致的非精神抑郁问题的了解太少。为此，查理通过巴甫洛夫的实验进行了详细的分析和解释。

巴甫洛夫最著名的成就是发现了条件反射，在这个基础上，他做了一个关于压力的实验。

当洪水到来之时，实验人员把一群参与实验的狗囚禁在笼子里，只保留笼子顶部一点点的呼吸空间，这使得所有的狗差点被淹死，死亡带来的压力无疑是巨大的。在洪水退去后，巴甫洛夫发现一些狗的行为居然发生了很大的变化，比如，一只狗曾经非常喜欢自己的训练师，但在实验结束后却开始排斥对方。

经过长期的实验，巴甫洛夫得出了四个结论：第一，他可以将所有的狗进行分类，并分析出哪只狗最容易崩溃；第二，所有的狗在外界的干扰下都会变得精神崩溃；第三，最不容易崩溃的狗的恢复工作是困难的；第四，除非重新施加压力，否则崩溃的狗无法恢复到正常的状态。

查理认为如果我们将实验结果代入到人的身上，就会发现第四条结论超出了我们对压力的常规认知。一般来说，当人们精神崩溃之后，我们更愿意让他们处于一种轻松的环境，并加以引导，而并非继续施加刺激，但巴甫洛夫的实验为我们提供了一个新的视角。

当一些人被邪教洗脑，或者遭遇凌辱之后，即使回归正常的生活，依然处于精神崩溃的状态，如行尸走肉一般。但无论在法律层面，还是道德层面，任何人都不愿接受重新为他们施加压力，以消除洗脑、胁迫、凌辱等压力所带来的影响。可在查理看来，如果以一种最理智的态度来分析这件事，我们最好借鉴巴甫洛夫的研究成果，重新施加巨大压力才是治愈丧失心智、精神崩溃最佳的方式。

此外，我们还要意识到带给我们压力的并不是事件本身，而是我们对事件的理解和反应。当我们无法正确面对压力时，即使不断命令自己冷静，别紧张，我们也无法真正冷静下来。因此，只有对压力有清醒、多维度深层的认识，才能帮助我们更好地面对压力。

7. 不要锋芒毕露，要学会隐藏自己的睿智

华而不露，富而不炫，是一个人处世最大的魅力。查理作为巴菲特的搭档，行事异常低调，在双方共事的几十年

中,他总是刻意避开闪光灯,成为站在巴菲特背后的男人,被誉为巴菲特的"幕后智囊""军师"。

初入职场时,查理也是一个锋芒毕露的年轻人,心直口快,从来不会掩饰自己的想法,甚至根本没有此类念头,结果导致他在同事和上司的心目中并不讨喜,也因此得罪了很多人。吃过苦头的查理逐渐意识到自己的问题,开始变得谦虚谨慎,以至于后来和巴菲特一起出席活动时,经常保持沉默。当巴菲特回答完投资者的提问后,转头询问他的意见,他经常以"我没有什么要补充的"作为回应,而这句话也成为查理的标志性语录。查理谦虚的姿态并没有拉低他在巴菲特心中的地位,反而让他更欣赏查理的智慧,并表示如果没有查理·芒格,自己也许还只是一只没有开化的猩猩。

真正有能力的人,即使拥有杰出的才能和超凡的本领,也从不高调炫耀。查理曾讲述过一个同事的例子:这位同事在大学时期就是班上的佼佼者,毕业后曾在美国最高法院工作过。他在年轻的时候经常喜欢表现自己的才学和阅历,为此遭到了上司的批评。他的上司将他叫到办公室,十分严肃地对他说:"你现在的表现很令人失望,我有必要提醒你一些事情,你的工作是让每一个来到这里的客户认为他是这个房间里最聪明的人。如果有必要,你也需要让你的高级合伙人感觉自己是房间里第二聪明的人。当你成功完成前两项之后,你才能表现自己。"

与各种新闻不断的巴菲特相比,查理十分低调,他曾表示自己的财富目标是永远保持在福布斯富豪榜名单之下的位置。因此,多年来他的财富排名一直在500名开外,但有一年他的名字冲进了全球前200名,据传闻他还因这件事而变得不高兴。在2020年最新排行中,他的所有身家为16亿美元,位居全球第1335名。

在《穷查理宝典》里,查理提到,当一个人经常性地张扬,会越来越穷。正应了中国那句古话:"故木秀于林,风必摧之;堆出于岸,流必湍之;行高于人,众必非之。"

人生中有三件事不可过于炫耀,否则容易招来他人的羡慕和嫉妒,由于外界因素而降低我们的生活质量。

(1)不必炫耀财富

贫富差距是影响人们内心失衡的重要因素之一,即便我们的财富来得光明正大,一味地炫耀也会致使他人心理失衡,从而对我们感到羡慕嫉妒恨,甚至引起对方的注意和算计,在某一时刻使我们的财产出现损失。

(2)不必炫耀子女

很多父母热衷于炫耀自己的孩子,无论是孩子小时候的成绩,还是成年之后的财富和地位,孩子的优秀都将成为父母的面子。但是,这种炫耀对于别的孩子来说是一种无形的伤害,父母为了自己面子会对孩子提出更为严苛的要求,而对于自己孩子来说就是一种枷锁，他们必须时刻保持这种状态，以免成绩下降等意外致使父母失去面子。谦虚和低调可以为孩子们留出更大的成长空间。

（3）不必炫耀自己的恩德

记住他人帮助自己的恩德，忘记自己施以他人的恩惠。我们无论是帮助了他人，还是为他人带来多少利益，都不能成为自己炫耀的资本。如果不停地去炫耀，不仅会让受我们恩惠的人难堪，还会让那些不懂知恩必报的人心生怨恨。

锋芒毕露容易遭人嫉恨，更容易树立敌人。只有善于隐藏自己的睿智，才能有效保护自己。因此，我们要懂得在工作和生活中隐藏自己的睿智。

8. 遇到挫折时不自怜自艾，接受它并处理好它

任何人都无法避免意外的发生，大到亲人离世，小到工作不顺，每一桩不幸都让人品尝痛苦的滋味，为自己而难过本无可厚非，但过度自怜在查理看来，是一种灾难性的思想状态，在不断阻碍人们获得幸福。试想一下，一个经常为自己的境遇而难过的人，又怎么能发现并感受幸福呢？

查理在一生中几乎经历了世间所有的不幸，年轻时不理智的婚姻导致家庭破裂，随后爱子因患白血病而早夭，中年时，投资事业因1973年的金融危机陷入低谷，若干年后，

他又因白内障手术而导致左眼失明。但他却未因这些接踵而来的不幸而出现自怜的情绪，感叹世事的无常，在他的观念中，当意外来临，再多的自怜也无济于事，反倒不如打起精神，面对这些苦难。

人之所以出现自怜，在本质上是为了避免痛苦对自己的进一步伤害，属于一种心理上的平衡机制。当外界的安慰无法平复自己的情绪时，人们就容易生出自怜情绪来进行自我安慰，心疼自己。但是，自怜就像是一种通过释放情绪而达成的自我麻醉，它可以使人获得一种短暂的愉悦感，并逃避现实的冲击。我们一旦对这种因自怜而出现的虚假快乐产生依赖，就会倾向于这种逃避的结果。

过度自怜的人往往具有十分强烈的表现欲望，他们希望更多的人了解自己的痛苦，并试图通过这种方式来让他人为自己分担痛苦。但事实上，这种行为不过是一种自我安慰的假象，对现实根本没有任何意义，反而会引起他人的反感。就像鲁迅先生笔下的祥林嫂一样，一见到人就向对方诉说自己的不幸，时间一长，周围的人从最初的安慰、怜悯，逐渐变成了漠不关心，甚至厌恶。

最重要的是，一旦人陷入自怜情绪中，就会过度强化自己的困境和苦楚，在自己的视角中，人生就是这么惨不忍睹。无论面对什么样的困难，他们都以最快速度选择认命，将痛苦归咎于命运的不公、他人的无情，不愿做出任何行动。越自怜，越喜欢沉溺于哀愁之中，就越不肯尝试努力，也就越自怜，最终形成恶性循环。在这个过程中，自怜又会引发一系列的负面情绪，愤怒、怨恨、孤独等，内心变得更加悲观。如此一来，他们的眼中就再也容不下一丝幸福，满眼皆是不公和痛苦。

习惯性的自怜将演变成对生活的一种逃避，对自我束缚的一种默许。长此下去，自怜会逐渐腐蚀一个人的心志，最终失去对生活的激情。就像一些人在拼命奋斗几年后，事业仍不见起色，就开始听天由命，任其自由发展，在无声无息中老去。

其实，无论是过度的自怜，还是正常的自怜情绪，都是一种错误的思维方式，因为不管何种理由，自怜对于我们解决问题都毫无意义，反而会使我们在这种自欺欺人中丧失理智。因此，我们只有认清，并避免自怜情绪，才更容易遇见幸福。

第一，自怜是一种暗示。当我们不断在心中强调自己多么可怜，遭遇多么悲惨时，就等于在潜意识中暗示自己，变相地承认了自己的悲惨结局。而这种暗示会影响我们的工作效率和身心健康，并为自己的潜力套上枷锁。

第二，察觉自怜的存在。当我们意识到自己陷入自怜情绪时，将更容易做出改变。察觉意味着重新体验痛苦，但这种痛苦会使我们变得清醒，从而更好地看清痛苦如何而来,又是如何而去。降低对自怜虚假愉悦感的依赖。

第三,增强自我掌控感。自怜是对现实感到无力的一种方式,一般出现在失去掌控感之后,是一种对自身弱小的无言愤怒。而增强自我掌控感有助于我们在面对困境时,不至于快速认命,通过努力和尝试,逐渐获得掌控感,用实实在在的内在愉悦来抵消自怜的情绪。比如,坚持运动,合理安排自己的时间、养成规律作息的习惯等,都可以帮助我们增强自我掌控感。

第四,接纳生活中的失控感。掌控感是一种美好的感觉,但我们不得不承认,生活中的一些事物是我们无法掌控的。当我们面对一些超出自己掌控的事情时,不如大方接纳这种失控感,允许这种失控的出现,不必要求事事皆如人意。

对于每个人来说,谁又不曾经历痛苦,选择自怜就等于选择退却,选择逃避,选择放弃幸福的权利。即使在我们苦不堪言时,也要相信自己,相信生活不止眼前的苟且,还有我们梦寐以求的幸福。

9.即使你不喜欢现实,也要承认现实

查理·芒格在误判心理学中提到了否认现实的倾向,它是指当现实的痛苦难以忍受时,人们往往会拒绝接受现实。该倾向一般与内心的巨大落差感相关,常见表现为沉迷于酒精和毒品，生活整天浑浑噩噩等。

大多数人之所以呈现出一种堕落的生活状态，根本原因就是所承受的痛苦令他们难以接受，进而通过否认来切割掉现实的真实情况。查理举了一个例子：在"二战"时期，芒格家族一位世交的儿子，在乘坐飞机的过程中遇难，而这位世交的太太始终不愿接受这个事实，拒绝相信儿子已经过世。这种行为在本质上就是一种对内心真实自我的逃避，为了缓解自身的痛苦而不惜自欺欺人。

查理将极端的痛苦分为求而不得和丧失两种：求而不得是指我们长期渴望一种事物，却始终无法得到，以至于这种缺失感会变得扭曲、畸形，即使我们不断抑制内心的情绪，也很难去消除求而不得所带来的痛苦。比如，常见的恋父、恋母情结，基本上都是由于小时候对父爱或母爱的求而不得所导致，在未来他们就更倾向于找一个年龄，至少是心理年龄远超自己的配偶。这种隐藏于内心深处的渴望实质上就是对现实的否认，不愿承受欲望所带来的痛苦。

丧失是指我们长期拥有一种事物，并与之建立了深厚的情感，却在某一个时刻彻底失去了它，内心难以割舍的情感就容易诱发否认现实的倾向。比如死亡，查理提到的家族世交的状态就是丧失所带来的极端痛苦。又比如离婚，很多人摆脱不了离婚的阴影同样也是在对现实进行否认。查理在结束第一段婚姻之后，依然可以获得幸福的生活，很大程度在于他对于现实的接纳，妻子离去，孩子病逝等刺激始终都没有让他的内心变得封闭。

两种极端痛苦呈现方式不同，但本质是一样的，现实生活带来了痛苦，而人们一直在通过否认现实来拒绝痛苦，导致痛苦始终伴随着他们，以至于需要外来的刺激进行缓解。而这种外来的刺激一般都源自化学物质，这也是查理希望人们可以正视现实的原因之一。

正视现实的意义在于内心情绪的释放，通过情绪的流动来恢复到健康的心理状态。否认现实看似可以让人们在短时间内抗拒痛苦，而实际上却是在真相与自我之间隔出一道鸿沟，不断摧残自己。

在查理看来，内心的否认如果可以使死亡变得容易接受，这种行为并不是绝对错误的，因为，在该情境下谁又能忍心去落井下石呢？更何况有时候未必有希望能坚持下去。查理所深恶痛绝的是依赖化学物质来缓解内心的痛苦，酒精和毒品会干扰一个人的认知，让他们误以为自己的处境依旧体面，这种沉沦会使他们变得越来越不现实，从而对现实生活进行极端的否认。

因此，我们一定要意识到痛苦本身不会令我们失去拥有幸福的权利，之所以会陷入困境，常常是因为我们否认了带来痛苦的现实。正视现实，会让我们了解自己的真实处境，从而对未来的生活作出准确的判断。

10. 保证痛苦人生的卡森药方

在查理·芒格听过的诸多演讲中，约翰尼·卡森的演讲让他印象最为深刻。相较于卡森而言，查理自认为自己失败的次数要更多，所遭受的痛苦也更加强烈，因此，他完全能够进一步来扩展卡森的演讲主题。

卡森在演讲中提到了幸福的生活，但他却没有告诉在座的同学如何过上幸福的生活，反而给出了保证痛苦的人生药方：第一，为了改变心情或者感觉而使用化学物质；第二，妒忌；第三，怨恨。

在查理看来，这三味药并不难理解。化学物质，即可食用且具备麻痹性、成瘾性的物质，以毒品和酒精为主。毒品的危害不用过多解释，而酒精作为日常生活中没有太大禁忌性的物品，深受某些人喜爱，但沉沦与堕落只在一线之间。查理在年轻时有四个最为要好的朋友，他们的家庭背景和自身条件都十分出色，但其中两人已经去世多年，第三个人依然过着醉生梦死的生活。毫无疑问，酒精就是导致这种结果的关键因素。查理认为一个人的感性程度因性格而异，每个人都存在因不在意而染上恶瘾的可能。但是，没有人会因为拒绝这些化学物质使得生活更加糟糕。

妒忌同样会使人生变得痛苦，这样的例子在生活中比比皆是。查理建议人们效仿塞缪尔·约翰逊，去超越妒忌，遇见生活更好的可能。塞缪尔是英国文学史上一位极其重要的角色，他的前半生饱受贫穷的折磨，在初入牛津大学时，以翻译亚历山大·蒲柏的诗广受称赞，却因贫穷被迫离开学校，回到家乡之后立志开办学校，又因相貌丑陋等生理缺陷而夭折，尽管他的人生逐渐步入正轨，但生活依旧清贫，他没有妒忌过身边任何一个条件优于自己的人，反而专注于自己的事业，最终在英国文学史上青史留名。

怨恨也是如此，在查理看来，它除了加深你对生活的不满，没有任何意义，就像塞缪尔所说，生活的艰辛本已难以下咽，何必再将它塞进怨恨之中，使生活更加痛苦。为此，查理给出了自己的建议，像英国首相狄斯雷利那样发泄怨恨，将那些让自己怒不可遏的人的名字写在纸条上，不时翻看，让自己见证自己怨恨的释放。

11. 我的四味痛苦药方：如何避免不幸的人生

在哈佛学校毕业演讲中，查理·芒格介绍了卡森的人生痛苦药方，在此基础上，他也给出了自己的四味痛苦药方。

第一，反复无常。

查理认为反复无常的习惯会抵消一个人所有优点所带来的效应。就像龟兔赛跑中的兔子一样，在"终点"和"休息"两者之间不断反复，最终被坚持不懈的乌龟所超越。即使这些乌龟变得不再优秀，甚至速度更慢，也一定会超越那只反复无常的兔子。

而拒绝反复无常，就算你的人生最初并不如意，也会避免过上痛苦的日子。查理的大学室友，患有十分严重的阅读障碍，但他如今的生活却十分美满，有着幸福的家庭和蒸蒸日上的事业。查理认为如果一个人对自己的目标始终坚持不懈，且为人可靠，就算他有再多的缺点，也不会过上痛苦的生活。

第二，刚愎自用。

查理认为仅以自身的经历作参考，而拒绝他人有关成功和失败的教训，会使人过上痛苦的生活。这种情况在生活中时有发生，比如，醉酒开车导致的车祸，生活不检点导致的疾病，盲目信奉虚假宣传导致被洗脑以及各种形式的疯狂行为。当人们习惯犯一些没有创意的错误，人生就会变得十分麻烦，就像一句谚语一样："人生像悬挂式滑翔，起步没有成功就完蛋了。"

而避免发生这种情况的最好方式，就是借鉴前人的成果，让自己受到尽可能多的教育。查理以牛顿的经历举例，他在最初研究几何学的时候十分吃力，但他却熟练地掌握了前人优秀的成果，最终取得了万人瞩目的成就。因此促成了那句十分经典的名言："如果说我比其他人看得更远，那是因为我站在巨人的肩膀上。"

第三，一蹶不振。

查理认为对人生影响最深的不在于失败，而是失败后的意志消沉、一蹶不振。即使一些出身优越，才干远胜于他人的人在经历失败之后，变得一蹶不振，他们的人生必定陷入痛苦的泥沼之中。

第四，思维一成不变。

查理提到了一种逆向思维，一位乡下人说，如果我知道自己会死在哪里，那我将永远不去那个地方。很多人会嘲笑这个乡下人的想法，但这的确是一种有利于告别痛苦生活的逆向思维方式。卡森的演讲主题也是建立在此基础上的，就像他经常重复的一句话："反过来想，总是反过来想。"包括生活在内，很多东西只有在逆向思考时，才最容易得出最优解，比如，很多研究人员试图修正麦克斯韦的电磁定律，使其符合牛顿定律，但爱因斯坦却反其道行之，修正了牛顿定律，于是，相对论横空出世。

在查理看来，达尔文是一位善于逆向思考的伟人，他在工作中经常主动寻找证据来推翻自己的理论，即使这些理论十分优秀。但现实生活中，很多人在获得一定成就之后，就不愿再接受新的具有证伪性的信息，以求自己最初的结论可以长久延续下去。

除了避免以失败为目标而成长，查理还建议人们尽可能去提升客观性。只有这样才能有效避免在无知自大的道路上越走越远，避免在人生中经历那些不该出现的痛苦。

第三章

成为赢家唯一的方法,是工作、工作、工作,再工作

我们长期努力不做蠢事，所以我们的收获比那些努力做聪明事的人多得多。

——查理·芒格

1. 想要出类拔萃，做有强烈兴趣的事并保持勤奋

在选择自己人生目标的问题上，查理将兴趣列为一个必要判断依据，在他看来，如果想要在某个领域获得成功，我们就必须对它保持强烈的兴趣。从某种意义上来说，任何人都可以强迫自己做好一些事，却无法将一些没有兴趣的事情做得出色，其根源就在于兴趣会强化我们的耐心和毅力以及对细节的把控。因此，查理建议我们，如果有机会，一定尝试去做那些让我们充满兴趣的工作。

查理·芒格 40 岁之前，并不是一个专业的投资者，而是一名律师，从最初在加雷特律师事务所供职，到后来与同事合伙成立律师事务所，虽然他在律师行业混得风生水起，但最终还是选择了投资领域。他放弃做一名律师的原因有很多，比如，渴望拥有比资深律师更多的收入；总是和一些品德有缺陷的人接触等。其中，最关键的因素就是投资领域对他的吸引力要远高于律师。

一般人在决定做一件事情时，会从下而上逐步建立自己的方法，而查理却是通过学习和经历搭建了一个足够大的

认知框架，自上而下，建立一套可以应对所有事情的方法。这使得他的阅历和经验不只限于律师行业，且可以很好地在投资领域进行实践。其实，他做律师的过程中就已经开始接触投资，并小有盈利，直到遇见巴菲特，在对方的劝说之下，才彻底放弃了律师行业，专心进入投资领域。

一个人的幸运并不在于是否拥有其他人难以企及的事物，而是他更早找到了自己所钟爱的东西，更加投入地去做自己喜欢的工作，并最终获得了十分出色的成就。这就是兴趣的力量。

相较于查理，巴菲特无疑是一个幸运儿，他的父亲是当时著名的股票经纪人，因此，早在少年时期，他就找到了自己钟情一世的事业。图书馆中的一本名为"赚1000美元的1000招"的书给予了他很大的启发，于是，他很早就就进入了投资创业领域。

关于"兴趣"的发掘和意义，巴菲特解释说，也许你的第一份工作不会点燃你对工作的热情，你必须学会不断地挖掘，去寻找，直到你已经实现财务自由，你仍愿意继续从事这份工作，那一定是你所热爱的工作。在这个过程中，困难和艰辛是不可避免的，如果你对这份事业足够热爱，那你一定可以凭借这些挑战不断成长，直至你想要到达的地方。因此，无论你当前的工作是什么，你都必须去相信它，并对它保持足够的热情。

巴菲特说："金钱买不到时间，买不到爱情，但金钱可以使我达成很多事情。为什么在88岁仍然充满活力，每天早上醒来就可以投入工作？因为我热爱我正在做的事情，喜欢那些和我共事的人。他们的努力让我的生活变得更加美好，我也努力让他们的生活变得美好。"因此，成功必然来自于你投入在每一项事业中不可阻挡的激情。

以人类基因序列闻名的生物学家克雷格·温特曾说，太多的人都是在"惯性"推着走，他们并不知道自己到底想要什么，甚至关于职业的选择都不是自己做出的。但是，如果你无法对自己正在做的事情提起兴趣，你将很难有所建树。即使你在工作中表现得十分出色，那也并不意味着获得了成功。

查理这项"做有强烈兴趣的事"的原则，与日本"经营四圣"之一的稻盛和夫对于工作的态度如出一辙。稻盛和夫先生先后创业三次，并将三家企业都做到了世界500强水平，在总结成功经验时，他给出了最关键的因素——热爱。

一般来说，很多人判断自己对一件事是否有兴趣时，往往会将自己的感觉作为依据。但是，对兴趣而言，后期的培养也是十分重要的。当你将一件事情做得越来越好时，你会发现自己的兴趣会越发强烈。反之，当你仅凭兴趣去做一件事时，一旦短时间内无法达到你的预期，会最大限度削弱自己对这件事感兴趣的程度。

因此，查理建议人们：要么做一件从开始就热爱终生的事情，要么学会喜欢上你做的事情，逐渐培养自己的兴趣，直至变成热爱，而成功就将水到渠成。

2. 保持专注，脚踏实地致力于当下的工作

查理·芒格在离婚三年后，与第二任妻子南希结婚。查理与第一任妻子已经有两个女儿，南希又带来了两个儿子，加上查理和南希后来的三个男孩和一个女孩，此时查理一共需要抚养八个子女，而查理当时只是一名刚入行没多久的律师，收入不算太高，这一阶段的生活可谓是捉襟见肘。

在如此巨大的经济压力下，查理并未沮丧和焦虑，反而循序渐进，最终赚到了他人生中的第一桶金。面对生活困窘和儿子逝世带来的双重精神冲击，查理显得十分冷静，他想起了芒格法官对他的忠告：人生不过两件事，专注于眼前的事和投资未来的自己。

虽然律师的微薄收入不足以改变现状，但他所能做的只有专注于当前的工作，尽力服务好客户。有一次，他接手了一宗案件，由于不确定客户到来的时间，他选择提前做好方案。于是，他熬夜分析案情，并整理出三种具有可行性的方案，每一种方案都经过了深入的研究和分析。结果，

客户在第二天突然到访，并选中了查理所准备的其中一种方案，要求查理尽快给出完整的方案。但查理当即拿出了客户所需的完整方案，让客户颇为震惊，同时也收获了客户的信任。

查理的种种表现赢得了客户的赞誉和信任，所接手的案件越来越多，他的能力和真诚得到了进一步展现，这也使得他在律师行业的名气越来越大。于是，一些人开始在更广泛的领域和他进行合作，这也为查理后续的投资生涯，打开了一扇新的大门。他人生中的第一个100万美元，就是和当时律师事务所的客户合作投资房地产赚得的。

因此，无论是面对困难，还是深陷低谷，我们都不必沉浸在消极的情绪中，一味地悲观绝望永远走不出生活的困境，只会使生活越来越糟。任何没有实际意义的胡思乱想都不能解决问题，不如致力于眼下的事情，将自己的注意力专注在工作上，脚踏实地，一步一个脚印，才能有所收获。

虽然说起来容易，但对我们普通人来说，要完全做到只专注于一件事情也还是有一定难度。专注力的提升在于平日里积累的一点一滴，只有认真地完成生活中每一件小事，才能够在遇到困难的时候以最快的速度进入到心无旁骛的状态。一旦我们能够专心致志着眼于当前任务，便会爆发出强大的内驱力和热情，所有的难题都将变得不堪一击。在聚精会神的巅峰状态下,完成一件事的成就感便会激发转化为我们内心的喜悦,而这种喜悦就是降低负面情绪干扰,尽快使生活走向正轨的基底。故而,查理在面对生活中的困境时,所做的第一件事,便是致力于眼下的事情。

只有尽量完成当下的事情,才能使过去有一个更好的结束,使未来有一个更好的开始。我们未来的成功和幸福都是由一个又一个的"当下"所组成。

3. 与你仰慕的人一起工作,才能取得更大的成就

查理·芒格认为一定要避免变态的工作关系,尤其是在那些自己不崇敬或鄙夷的人的领导下工作,这样的工作是十分痛苦的。与你仰慕的人一起工作,才会取得令人更加满意的成就。

在查理看来,律师行业的成功只是他事业的起点,在筹办新的律师事务所时,他也开始谋划如何退出该行业。查理的父亲去世后,他回到了奥马哈为父亲举办葬礼,在好友戴维斯的邀请下,参加了一场晚宴,在这场晚宴上,他见到了一位名叫沃伦·巴菲特的男人。这次相见,拉开了两人合作几十年的帷幕。

查理早期曾在巴菲特父亲的商店中打工,与巴菲特的家人十分熟悉,但却没有接触过这位已经在投资界小有名

气的投资商。巴菲特听说过查理，并对他这个人十分向往，原因是他在向戴维斯推销基金时，对方虽然没有听完他的介绍，却欣然应允，对方表示巴菲特的话让他想到了查理·芒格。简单的一句话让巴菲特对查理充满了好感。

在晚宴上，查理和巴菲特发现两个人居然拥有很多相似的想法，他们无话不谈，从商业、金融，到历史文化，一个人讲话，另一个人就洗耳恭听。在了解不断加深的同时，巴菲特一直劝说查理放弃律师行业，他认为以查理的聪明才智，不应只局限于律师行业，完全可以通过投资业务，使自己的智慧得到更好的发挥。巴菲特的建议让查理在经济许可的第一时间放弃了律师行业，开始参与证券投资。

一开始时，两个人并没有正式合作，巴菲特将这段关系总结为："情势好的时候，是初级合伙人，情势低迷的时候就变成了资深合伙人。"但两个人在精神上一直是最好的合伙人，查理返回洛杉矶之后，他们经常通电话，甚至写信讨论问题，他们之间的信件有时候长达九页，比一般的情侣写的信还要长。这种持续不断的沟通，使两人在相互学习中共同成长。

他们之间的合作关系为他们带来了诸多好处，比如，友谊、投资机会和互相理解对方思想和言语的特殊能力。巴菲特在收购企业时，会请芒格担任法律顾问，而巴菲特的声誉也为查理的律师事务所带来了更多的客户。

随着时间的流逝，两个人独立的投资开始产生交集，于是，两个人通力合作，收购了蓝筹印花公司、未来享誉世界的伯克希尔公司，巴菲特为第一大股东，查理为第二大股东。

蓝筹印花公司的前身是一家穷途末路的新英格兰纺织公司，虽然如今这家公司是投资界的翘楚，但查理始终将巴菲特的这个收购决定视为一项错误的投资决策，因为两人皆不擅长帮助一家濒临破产的企业起死回生。

伯克希尔·哈撒韦公司之所以取得了成功，很大程度上在于更换了战略方针，开始购买一些优质的企业。时至今日，查理和巴菲特虽然拥有几十年收购、督导以及管理各种类型企业的经验，但两个人依然不知道如何更好地解决企业所出现的商业困难，但这并不影响他们的成功。总而言之，他们往往会挑选价值被低估的公司，然后在市场上购买大量的股票或直接收购，伯克希尔的业绩是无与伦比的。

查理·芒格的智慧成就了后来的巴菲特，同时巴菲特的指引也成就了查理·芒格。如果没有遇到巴菲特，查理也许会在投资界做得风生水起，但很难取得如今的成就。两个人互相仰慕、互相学习、通力合作，最终成就了两个人的传奇。

4. 既要勤奋刻苦,也要开动脑筋

查理告诫所有人一定要保持勤奋的姿态来面对生活。工作不是生活的全部,却是决定生活质量的主要因素。我们可以满足当下的生活水平,却不该忽视未来所具备的风险,一旦沉浸在自己的舒适圈中,任由惰性腐蚀斗志,我们将失去对生活的掌握。

事业成功的人不一定都是天才,但他们一定是一个勤奋的人。查理早期的合伙人就是一个典型的例子,在美国经济大萧条的时期,他们注册了一家建筑设计公司,并在工作期间拟定了一条针对双方的协议:公司的收益由两人平分,但如果某个项目无法按期完成,两个人必须每天至少工作14个小时,包括周末,直至项目完成。最终两人合伙的公司大获成功。

真正的勤奋是在努力学习和工作的同时,还要具备深度思考的能力。巴菲特在接受采访时就被询问过类似的问题,记者表示,巴菲特是一个极为勤奋的人,而他所获得的成就也是有目共睹的。但是一些企业家同样也是在勤奋地工作和学习,但他们为什么并没有像巴菲特一样取得成功呢?巴菲特解释说,我认为除了勤奋工作,不断思考才是一个人取得成功的秘诀。因此,我们要明白埋头苦干有时候并不会为我们带来太大的收益,懂得思考才是比勤奋更加重要的事情。

查理就是一个既勤奋,又善于思考的人。他的努力工作让他收获很多高端客户的信任,从而得到在其他领域合作的机会,这也是他成功积累人生第一个 100 万美元的契机。第一位与查理在其他领域合作的人是一个电器商。

20 世纪 50 年代,美国正处于朝鲜战争时期,美国对军需物资的需求非常高,而这家电器生产公司恰巧是为军队提供变压器,因此利润十分可观。由于在诉讼阶段建立的信任,电器商十分欣赏查理,并邀请他成为这家公司的股东,参与企业的经营。查理当时正处于经济匮乏阶段,就答应了对方的请求。这一次合作为查理带来的不仅是经济上的收益,更重要的是投资方面的经验,为后续的投资事业奠定了基础。

在与电器商的合作结束之后,查理又遇到了另一位律师事务所的客户,开始了第二次投资生意。两人在处理诉讼事件的过程中建立了深厚的友谊,慢慢地成为挚友。客户的祖父去世之后,查理受邀为他处理遗嘱问题。在祖父的遗产中,有一块位于南加州理工大学街对面的空地,在家人的一直商讨下决定向外出售。而查理凭借敏锐的商业嗅觉认定这块土地具有很大的价值,建议这名客户将这块空地买下来,并拆掉原有的旧房子,重建公寓,进行房地产开发。客户以不熟悉房地产开发为由邀请查理一起参与,查理欣然应允。

于是，两个人各出资 10 万美元开发楼盘。果不其然，这次房地产开发使两人赚得盆满钵满。尝到甜头的两个人紧接着继续开发了更多的公寓，而且这些房子卖得很好。短短 3 年的时间，查理就积累了 140 多万美元的收入，这在 20 世纪 60 年代可是一笔巨额的财富。

在整个房地产开发的过程中，查理的深入思考起到了关键性的作用，主要体现在两个方面。第一，查理在成功开发第一栋公寓之后，在售卖的过程中发现公寓底层的房子卖得很快，而高层的房子卖起来就慢一些。于是，在后续的开发中，他说服合作者放弃了高层建筑模式，改为密度很低的平层。虽然房子的单价很高，但在售卖过程中却是供不应求。

第二，大多数房地产开发商并不会在绿植上花费心思，但在查理看来，小区空地上的绿植也是人们在购买房屋时关注的一个点，在绿植上进行投入，会带来意想不到的回报。结果也印证了查理的猜想，人们在购买房屋时更加喜欢那些花草繁茂的地方。

查理善于思考的习惯，让他在做每一件事情，做每一项决策时，都能保证拥有敏锐的判断力，这种习惯使他在后续的投资中几乎无往不利。

人们常说："你想要的岁月都会给你。"但是，岁月凭什么如此偏爱我们？那些遇见成功的人，往往都是做好了准备的。他们的幸福，不过都是以勤奋作为铺垫，等候开花结果罢了。

5. 工作中的说服，要诉诸利益而非诉诸理性

本杰明·富兰克林说："如果你想要说服别人，要诉诸利益，而非诉诸理性。"关于诉诸利益这一点，查理深以为然。相较于讲道理，利益才是人们关注的核心，在说服中阐述清楚利益关系，往往更容易令人信服。

查理见证过一件说服失败的事件，主角是所罗门兄弟公司的一个法律顾问，在查理眼中，他是一个极其聪明的人，却因为这次失败葬送了自己的前途。这家公司的一个员工犯了一个错误，公司的CEO向法律顾问询问处理事项，他回答说："其实在法律上我们并没有义务来汇报这件事，但在道德层面上，我们应该尽快处理这件事，因为这是我们应该做的。"公司的CEO因为他的话并未将这件事放在心上，由于繁忙的工作一推再推，最后导致老板因法律顾问和CEO并没有及时上报问题而大发雷霆，而法律顾问也因此丢掉了这份工作。

在查理看来，无论从哪个角度，顾问的决策都没有任何问题，但他只是选错了说服方法。将一件可有可无的事摆

在CEO面前，势必会遭到对方的轻视，说服失利所带来的结果使两人都受到了处罚。面对这种情况，顾问最佳的说服技巧就是本杰明所提出的"诉诸利益"，比如："如果我们任其发展下去，可能会毁掉你的工作，让你身败名裂，而我的建议能够让你逃脱这种结局。"

在生活和工作中也是如此，诉诸利益所带来的效果远非理性可比。人们常把"晓之以理，动之以情，许之以利"称为说服他人的"三板斧"，但在实际情况中，事理和情义往往对人们没有太大的束缚力，我们无法将一个道德层面或精神层面的理由作为改变对方想法的主要手段，因为对很多人来说，这是看不见的，没有可量化的标准。而利益则不同，它在客观角度下所呈现的得失关系与对方息息相关，甚至可以衡量。我们所需要做的不过是将利益的轻重展开给对方看而已，让对方意识到自己将要失去什么，将要得到什么，以此说服对方。

人生来便是具有趋利性的，在说服别人时，恰到好处地表现出一些趋利本性，会使得对方认为我们与他是在同一立场的，从而增加了信任感与亲近感。而当对方的利益需求与被认同感都被满足时，对方便会反过来给我们的意见以认可。

趋利本性的暴露，在谈话中不能过于明显，否则便会给对方一种只为自己利益着想的自私感，更明智的做法是将这种趋利的目的性隐藏在言语间，从而利用它不着痕迹地引导对方，让对方认为我们是真心在为他着想。说服对方时出发的角度不同，使用的方法不同，说服的过程不同，都会导致不同的结果。在说服对方的时候，有时直接将对方能得到的利益摆开挑明，是最直接也最简便的方法。

第四章

生活中过得越来越好的人都是"学习机器"

我这辈子遇到的聪明人没有不每天阅读的——没有,一个都没有,沃伦读书之多,我读书之多,可能会让你感到吃惊。我的孩子们都笑话我。他们觉得我是一本长了两条腿的书。

——查理·芒格

1. 通过大量阅读，让自己成为终生的自学者

在比尔·盖茨眼中，查理·芒格是自己遇到的知识最为渊博的人，大到投资经商，小到房屋设计，世间罕逢敌手；在沃伦·巴菲特眼中，查理·芒格是自己的引路人，帮助自己"由猿向人进化"……在谈及对查理的印象时，几乎所有人都不禁为他的智慧感到惊叹。他异于常人的智慧究竟从何而来呢？答案就是对阅读的热爱和坚持。

查理在一次搭乘飞机时，由于安检不合格而滞留机场，但他所携带的物品都没有什么问题，他只得一次又一次检查物品，并试图在飞机起飞前通过安检，可惜天不遂人愿，他最终还是没有搭上飞机。一般人此时可能会指责安检人员工作不力，浪费了自己的时间，但查理却选择安静地坐在机场看书，等待下一个飞往目的地的航班。在他看来，只要自己有一本书就不会浪费时间。

实际上，早在少年时期，查理就对阅读怀有强烈的兴趣，父母在圣诞节送给他的书籍基本上一天就可以看完，而这种对阅读的热爱也贯彻其一生，甚至可以说阅读在他心目中就

是一种信仰。

查理甚至被称为"行走的书架"。他认为,倘若一个人仅依赖已有的知识,在生活中便做不到远行。

查理的阅读涉猎极为广泛,他十分推崇传记类书籍,他认为一个人的生平事迹可以帮助人们将思想创立者的生活和人格进行有效联系,从而形成新的视角,对方的一些思维方式和行为准则都可以起到一个很好的示范作用。这种认知和行为相结合的案例远比一些空泛的大道理更容易理解得多。自然学科类的科普读物在一定程度上也会给我们带来启示,比如,达尔文的进化理论,查理认为这种生物演化的倾向可以帮助人们在投资中预测商业进化过程的结果,因为商业进化和生物进化具有一定的相似性。

其实,除了查理,沃伦·巴菲特、鲍勃·伯德、罗伊·托尔斯等人,都保持着每天阅读的习惯。他们通过阅读各种书籍来拓宽自己的知识面,提高自己的思维逻辑能力,以应对时代的变化。就像查理所说,各行各业的顶尖人才,几乎没有不坚持每天阅读的。

巴菲特的成功并不是悟到了什么高深莫测的秘籍,而是从孩童时代就培养了一个很好的习惯:通过大量阅读去汲取知识。

5岁的时候,巴菲特就一直有成为富翁的梦想,并在孩童时代,就为了这个梦想阅读了大量的书籍。比如他通过阅读名为"赚1000美元的1000招"的这本书,搜集整理了各种成为富翁的计划,结合自身条件,去付诸实践。巴菲特每天在阅读上花费的时间占日常工作的五分之四,每天的阅读量在500页往上。

查理在一生中阅读了大量的书籍,他的儿子评价他是"一本长着腿的图书"。毫无疑问,查理的阅读习惯在后续的人生中起到了关键性的作用,他的博览群书使他接触了更多领域的知识,建立了一个多维思考模型。而他的大多数投资都是在该思考模型下去研究分析的,这也使得他一生中很少出现重大的投资错误。

在他看来,一个人想要变得优秀,注定离不开终身学习,如果只是依靠已经掌握的知识和技能,无法支撑他们在生活中走得更远。《穷查理宝典》一书中提到了享誉世界的伯克希尔·哈撒韦公司,它所创造的长期大额投资业绩纪录可以说是能够载入史册的一项成绩。但即便如此,原本可以让伯克希尔在十年内获得巨大收益的方案,谁也无法保证它能够在未来十年依旧保持成效。因此,作为伯克希尔·哈撒韦公司掌舵人的沃伦·巴菲特对持续的学习也是十分重视的。

查理·芒格在一次毕业典礼的演讲中分享了一些他自己的人生道理和态度。"我不断地看到有些人在生活中越过越好,他们不是最聪明的,甚至不是最勤奋的,但他们是学习机器,他们每天夜里睡觉时都比那天早晨聪明一点点。孩子们，这种习惯对你们很有帮助，特别是在你们还有很长的路要走的时候。"

2. 增强跨学科技能，光靠已有的知识你走不了多远

查理·芒格说，他做事没有什么成功经验，只是自学了许多学科的基本规律，并结合各种学科的知识打造了一套独有的思维模型，而这个模型让查理在选择上很少犯错。

查理·芒格一生都在不断强调跨学科思维的重要性。他曾在南加州大学毕业典礼上借用了西塞罗的话："如果一个人不知道在他出生之前发生过什么事，那他在生活中就会像一个无知的孩童。"西塞罗的本意是在警示那些对历史一无所知的人，如果客观地看待西塞罗的这句话，就会发现包括历史在内，很多东西都是人们必须了解的。

他认为单一的思维会使我们的眼界受限，出现明显的认知偏差。我们应尽量去理解每一个学科的主要模型，并化为己用，在未来的某一刻将它们派上用场。

马斯洛说："对于只有一把锤子的人来说，任何问题看起来都像是钉子。"那么，如何纠正"铁锤倾向"所引起的认知错误呢？查理认为当人们拥有足够多的工具时，就能够减少"锤子"所带来的认知偏见，他口中的"工具"就是

指跨学科的技能。简单来说，就是当我们遇到一些简单的问题时，可以很好地处理这些问题。比如，椅子不够牢固，我们只需要用锤子将松动的钉子敲紧即可，但遇到复杂的问题时，我们所掌握的单一技能就有些捉襟见肘。比如，我们需要打造一把椅子，而此时只有一把锤子是远远不够的，我们需要更多的工具才能解决当前的问题。

查理·芒格提出了著名的跨学科思维模型，涵盖数学、物理、生物、化学、哲学、社会学、心理学等领域。他认为我们必须掌握这些学科中的重要理论，并加以使用，在大脑中形成一些思维模型，然后将所有的思维模型放在一个整体的框架中。简单来说，就是将一些非常基础的知识综合在一起分析某一个问题。

比如，数学一般应用在处理一些简单的数字和数量方面的问题。尤其是在会计学方面应用极为广泛，无论是工程的预算，还是计价和折旧问题，都离不开数学的身影。而且，数学的思维在投资中具有十分广泛的应用，比如，查理所看重的复利、排列组合、决策树等理论，这些看似复杂的模型其实就是高中数学知识在现实中的运用。查理和巴菲特就非常喜欢用数学中的决策树和排列组合来思考问题。

再比如，物理学的一些原理可以为我们提供一种新的思虑，比如，量子力学的原则会提醒我们某些新的事物有时候可能是反直觉的。而查理对物理学的应用更为直接，他在演讲中多次提到的临界思维，就是脱胎于物理范畴的临界条件控制。

任何学科的知识在生活中都有所体现，但在查理看来，单一的思维模型是不足以解释我们所面临的一些事物的。因此，跨学科的思维模型才是需要我们重视的，每一个学科所带来的不同视角有助于我们更好地理解周围的事物。

当然，跨学科学习的意义，不仅体现在可以更完美地解决复杂的问题，更重要的是可以提高人们的认知范畴，获得更多的可行性和创造力。就像巴甫洛夫在生理学和心理学上的深入学习，帮助他完成了消化系统的研究；卡尼曼将心理学和经济学的知识相融合，完善了"展望理论"。其实不止他们，几乎所有自然科学的诺贝尔获奖者都是进行跨学科综合研究的人才，将相邻的专业知识相结合，更容易实现研究中的突破。

3. 学习各学科中最重要的知识，并不断实践

查理·芒格十分推崇学习世界各大学科的知识，目的不只是记住知识，锤炼思维，更重要的是不断用它们去实践。

查理在南加州大学的毕业典礼演讲中提到过"法律头脑"一词，它的定义源自查理认识的一位教授："如果两件事情交织在一起，相互之间有影响，你努力只考虑其中一件，

而完全不顾另一件，这种既实用又可行的思考方式就是法律头脑。"当然，查理十分清楚对方是在说反话，因为这种"法律头脑"实际上十分愚蠢。这句话带给查理很大的启发，他为了避免成为教授口中愚蠢的人，开始学习各种学科中最重要的知识。

在查理看来，每个学科几乎95%的知识都能够应用到生活当中，而从这些学科中吸取自己所需的知识，将其转化为思维的一部分并不是一件困难的事。在学习的同时，实践这些知识也十分重要，就像一位音乐家一样，如果长期不弹奏乐器，手法难免会变得生疏。

在学习的过程中，我们不光要理解知识，还要学会如何去用。实践应用才是学习知识的最终目的，不实践，便无法赋予知识意义，我们所学到的知识便是空洞的。如果不能结合实际，只是闭门造车，我们对于知识的掌握便只能停留在理论阶段，前行的路会越来越窄，越来越迷茫。让我们得以超越众人的经验和阅历，只有在理论与实操的磨合过程中才能够积累。书本上的知识和实际情况需要结合，相互印证。只有亲身实践，才能将知识从脑海里拖到实地上，见过了，做过了，眼界才会开阔，思想才能丰富，积累了经验，处理问题才能逐渐游刃有余起来。

查理一生都在致力于将他学到的所有知识应用于实际，不同学科的知识，实践起来有不同的方法，多角度的思考模式让他的思维变得更加开阔,从而更容易出现具有建设性的想法。

查理认为这种学习方式最大的弊病在于能够轻松"伤害"一个人,因为它的实用性和包容性,使得你在面对一些所谓的专家时,会轻易解决对方所遇到的问题,即使在对方束手无策时,你也可能先他一步找到正确的答案。这种强大的能力很容易让那些看重身份地位的人没有面子,从而对你产生妒忌。

跨学科学习的意义在于掌握知识,在头脑中形成一个思维框架,从而在后续的学习工作中能够更好地运用这些知识。查理表示,如果只是对一种知识死记硬背,以便在考试中取得好成绩,那这些知识基本上没有什么作用。只有掌握并实践这些跨学科的知识和方法,才能使自己的思维变得更加强大。

4. 拥有真正的能力,而不是鹦鹉学舌的知识

一种知识,了解和掌握具有很大的区别,一些人看似博古通今,其实只是鹦鹉学舌,根本不能深入解答具体的疑问。

查理经常在演讲中提及一个笑话:诺贝尔奖得主马克斯·普朗克经常受邀到各地演讲,每次演讲的内容基本上毫

无二致，都是关于量子物理的理论。一天，普朗克的司机说道："教授，你每次都讲同样的内容，我都背下来了。不如这次我替你上台演讲，你在下面观看怎么样？"普朗克欣然应允。

于是，司机走上了讲台，针对量子物理发表了一通演讲，反响颇为不俗。但此时一个观众突然站起来询问了一个细节问题，司机机智地回答说："你问的这个问题太简单了，我想请我的司机替我回答一下。"

查理的本意并不是为了称赞司机的机智，而是为了解释什么才算是真正的知识。在他看来，知识可以概括为两种：一种是"普朗克知识"，指的是"掌握"，他们对某一种知识融会贯通，具备真正的能力。另一种是"司机知识"，指的就是"了解"，他们可以讲得头头是道，给人们留下深刻的印象，却不具备解释的能力。

在现实生活中，拥有某些"司机知识"的人不在少数，比如，一些学生为了应试，以解题为目的，死记硬背，不求甚解。最典型的就是证书和驾照考试，不要求对知识的理解和掌握，一切以考试及格为最终目的，不仅笔试如此，比如，比如一些学生为了应试，以解题为目的，死记硬背，不求甚解。驾照的场地考试和路考也是一个鹦鹉学舌的过程，教练提醒每一项的参照点、参照物，始终在规矩内行事。每一个初次拿到驾照的学员只能在练习场地开始驾驶，真正上路之后依然会出现不会开车、不敢开车的情况。这就是最普遍的"司机知识"。

当然,我们并不否认"司机知识"在面对各项考试时拥有着极大的优势,学员们能用最简便的方法,在最短的时间内拿到证书和驾照。可一旦面对实际的突然状况时,"司机知识"的弊端就会立刻显露出来,新手独自上路出现交通事故就成了常有的事情。

"普朗克知识"和"司机知识"的最大区别就在于获取方式以及学习的态度。想必每个人都清楚,"普朗克知识"才是真正能够帮助我们解决问题的知识,但获取的成本太高,所花费的时间和精力都是常人难以想象的,而结果只不过是在实际应用场景中占据一席之地,其他方面的收益较少。而"司机知识"获取成本相较于前者要低得多,往往能在最短的时间内武装头脑,即使借用他人的成果也能够快速获得利益。于是,生活中就出现了一种普遍的现象,大多数人都希望通过"司机知识"将自己装点得更加优秀,却不知它只不过是一种鹦鹉学舌而已。

最可怕的是,很多人在成为"普朗克的司机"之后,反而将当前的结果误认为是自己的能力所带来的,一味沾沾自喜,甚至觉得自己与拥有真正知识的普朗克没有什么区别。而实际上"司机知识"并不是自己的能力,这一点在查理所讲述的故事中也有佐证,故事的结局司机还是需要普朗克上台救场，可一旦在生活中失去了"普朗克"，我们又该如何面对观众提出的"问题"呢？

"司机知识"出现的本质，不在于知识本身，而在于我们对待这些知识的态度，是死记硬背还是理解消化。只有后者才能让我们将"司机知识"转化成自身真正的能力。那我们该如何识别自己的知识是否属于"司机知识"呢？

学者费曼在自己的著作中给出了一个具体的判断方法：当我们无法确定自己是否真的理解了某个概念或某件事情时，我们可以尝试避免使用一些过于专业和空泛的词汇，用最通俗的话解释这些知识。如果我们能够将当前存疑的知识给一个小孩子解释清楚，那么我们就真的掌握了这些知识，否则，我们就是"普朗克的司机"。

5. 与伟人进行深度的思想交流，你也会慢慢成为伟人

查理酷爱历史人物传记，富兰克林、爱因斯坦、达尔文等伟人的生平对他的影响颇深。他认为如果一个人经常与拥有远大眼光和卓越见解的伟人进行"沟通"的话，那对自己的人生绝对大有裨益。

在伯克希尔·哈撒韦的年度股东大会上，查理提到了一个自己非常喜欢的华人——新加坡开国元首李光耀。李光

耀是一个十足的务实主义者,在数十年的领导生涯中,他成功将新加坡从一个默默无闻的英国殖民地转型成全球贸易和金融的巨头。他有一句名言:"无关政治,我只做正确的事情。"由此可见,他做事始终保持实事求是的态度。

查理将李光耀视为世界上最伟大的国家建设者,甚至是历史上最伟大的国家建设者,并十分推崇他的座右铭,查理表示如果你想要一句箴言,那它一定来自新加坡的第一任总理,并补充说,无论其他人想要得到什么,去做些什么,我们必须要清楚什么事才是有效的,找到有效的方法然后去实现。这其实就是一种实现目标的方式。

无论是投资,还是学习,坚持做有效的事情所带来的效果是十分巨大的,就像龟兔赛跑故事当中的乌龟,虽然资质平庸,却可以借鉴他人的经验避免犯一些愚蠢的错误,最终在赛跑中超越天赋异禀的兔子。道理每个人都懂,但由于性格上的缺陷、周围的诱惑,人们经常出现一些重复性的错误,极少可以始终如一地向目标前进。这就是缺乏对有效事情的审视所造成的。

那么如何才能找到有效的事情呢?查理总结了两种方法:第一种就是发现有效,简单来说就是通过借鉴其他人的做事方法;第二种就是发现无效,当我们发现某些事情或方法对最终目标毫无裨益时,就需要在之后的行动中去规避它们。这两种方法殊途同归,但查理更倾向于后者,他一生中都在花费时间和精力来分析哪些事情会导致失败,然后尽量去避免它们。巴菲特也是如此,他在投资过程中,往往致力于挑选对的企业、对的管理者和对的股票价格。这种方式最大程度上降低了出现错误的风险。

要说对查理影响最深的伟人,那当属本杰明·富兰克林,就连《穷查理宝典》的书名都是借鉴本杰明·富兰克林的《穷查理年鉴:财富之路》。本杰明·富兰克林是公认的通才,他除了是美国独立战争的领袖外,还有记者、作家、科学家、投资家等诸多身份。富兰克林有十三个人生信条。

节制:食不可过饱,饮不可过量。
缄默:沟通必须利人或利己,避免没有意义的闲聊。
秩序:生活中的物品要放置有序,工作时间合理安排。
决心:决定自己该做的事,并做好这些该做的事。
节俭:花费必须利人或利己,否则即为浪费。
勤勉:珍惜时间,做一些有用的事情,放弃一些不必要的举动。
真诚:不欺瞒、损害他人,言必信,行必果。
正义:不可损人利己,应履行自己应尽的义务。
中庸:避免任何情况的极端意识形态。
清洁:住所、衣物、身体保证干净。
平静:避免为一些琐事和无法改变的事而庸人自扰。

贞洁：控制两性之间的欲望。

谦逊：向耶稣和苏格拉底学习。

简单且实际的十三个信条贯彻了富兰克林伟大而卓越的一生。在《穷查理宝典》一书中，我们会发现查理的一生都在严格奉行这些信条。巴菲特在接受采访时表示，查理是富兰克林的信徒，他养成的那些道德品质或多或少都来自他所敬佩的本杰明·富兰克林，换句话说本杰明·富兰克林就是查理的精神导师。

此外，达尔文的进化论也帮助查理从进化的角度来审视投资，爱因斯坦的自省，让他不断尝试推翻自己深爱的想法。尤其是在跨学科学习方面，他认为通过对不同学科的思考所建立的互相联系的思维，能帮助人们获得最佳的投资回报。在具体阐述时，牛顿、达尔文等人对他的影响可见一斑。

无论是理论著作，还是人物传记，都是历史的一部分。一个人需要了解历史才能更加笃定地生活，它们就像是人们内心力量的源泉。查理对其深信不疑，所以在谈论未来的智慧时，他坚信就确定未来而言，没有比历史更好的老师，一本廉价的史书就可以给我们价值数十亿的答案。

第五章

精英管理法则

当你作为管理者、CEO或任何级别的领导层做决策时，那么倾听、决策和沟通的顺序就非常重要。最好顺着这个顺序：先倾听，再决策，最后沟通，中间不要让时间太长。

——查理·芒格

1. "3"的法则，让表达更有说服力

沟通是企业经营中最重要的一环，如何有效说服对方，使他们最快接纳我们的观点，是所有管理者都需要关注的问题。查理给出了一个很好的建议："3"的法则，即当我们试图说服一个人时，一定要给出三个理由。

伯克希尔·哈撒韦公司最早是一家即将破产的纺织厂，巴菲特以远低于市值的收购成本成功掌握了这家公司，经过多年运作之后，该公司一跃成为世界上最赚钱的企业。这一经历使巴菲特将目光转向了一些收购成本较低的企业，无论企业业绩多么不堪，都值得一试。即使一些企业实在无法挽救，也可以通过清算来小赚一笔。

但在查理看来，这是一种十分愚蠢的行为，他更倾向于收购一些表现良好的公司。查理在说服巴菲特时给出了三个理由：

第一，被时代淘汰的企业是没有前景可言的，即使收购成本再低也没有收购的价值；

第二，收购这样一家动荡不堪的企业虽然可以通过清

算来赚取一部分钱,再进行下一次收购,但这种赚钱的方式太耗费精力,且还要经历痛苦的清算过程,反倒不如收购一些表现良好的公司;

第三,表现良好的公司最大的优势在于我们不需要总部进行太多的干预和管理,而那些足够糟糕的公司即使总部派遣再好的人才进行管理,其状况也难以好转。

最终,他用这三个理由成功说服了巴菲特。

查理用三个理由简单分析了烂公司的价值、获利的难度以及好公司的优势,让巴菲特瞬间意识到如果决定收购一家企业并参与经营时,就必须以资本家的眼光来审视这个问题,就像管理投资组合和证券一样,应该着眼于全局,不可单纯地追求名与利。

为何一定要使用三个理由,而不是两个或者四个?因为,"3"是一个很神奇的数字。心理学研究表明,人的大脑在短时间内最多能够记忆七个信息,大部分人每次只能接纳三个信息。这就意味着一两个理由会显得我们的说服过于单薄,缺乏说服力,而四五个理由又很难让人记住,显得复杂冗长。而三个理由恰恰可以两者兼顾,既具有一定说服力,又会给人一种思路清晰,逻辑富有条理的感觉。

说服的三个理由原则可以使我们的表达结构化,并保证三个理由之间的连贯性,以帮助对方快速厘清思路。但三个理由的难点在于我们必须用三句话将一件事表述清楚或分析透彻，这就要求我们必须对所有论据和凭证进行筛选，找到针对性最强的关键内容，保证表述的正确性和合理性。我们可以从多个角度进行考虑，比如，空间、递进、相似、相关等，使三者独立存在却又紧密相关。

空间，是指某个事物三个维度。比如："现在我就该产品的性能、市场和服务三个方面进行分析……"

递进，是指由小至大，从表面到核心。最典型的说服三步就是情感、逻辑和利益。我们先使彼此产生共鸣，降低对方的抵触心理，打开话题，让对方愿意听；然后详细分析具体的事情，让对方听得懂；最后，阐述利弊，刺激对方产生行动。

相似，是指同一件事的三个不同理由。假设一个员工打算辞职，准备回家乡发展，在了解之后，我们通过分析得出对方想要离开这座城市的三个重要理由：离家远、压力大、消费高。我们就可以针对这三点进行说服，比如："现在交通很发达，高铁、飞机十分方便；工作压力谁都会有，毕竟我们都不是富二代，大城市、小城市都会有压力的；这里虽然消费高，但就业机会多，薪资也高，你在这里工作几年，差不多就可以在老家买一套房子了"。

相关，是指在阐述某件事情时给出三个核心的点。比如，一些人总是在面试时长篇大论，其实只要三句话就足够。第一，介绍自己的名字、学校和专业；第二，介绍相关的工作经历和出色的工作成果；第三，阐述一些未来的目标和规划。简单的三句话就可以从能力、经验、潜力三个方面具体介绍自己，而这三点也是众多招聘者最关心的点，有时候长篇大论反而是面试的减分项。

"3"的法则理解起来十分容易，但关键是在思考和表达过程中形成"3"的思维习惯，在最短时间内找到能够直击对方内心的三个理由，通过简洁的表达达到说服目的。

2. 构建企业的护城河

企业的护城河，就是指企业可持续的竞争优势。查理在投资时十分看重企业的护城河，用他的话说，一个公司就像是一座城堡，而城堡的价值是由护城河的深浅决定的。因此，对于每一个企业而言，构建一个足够宽、足够深的护城河是十分重要的。

一条完美的护城河的构建需要顶尖的管理技巧以及运气，即便查理和巴菲特这般的人物也无法保证将护城河建得特别好，但查理却可以准确识别护城河的存在，他总结了五种有助于构建企业护城河的要素。

第一，供应方的规模经济。当一家企业的产品或服务所具备的平均成本，会随着产品销量和服务提供度的提高而下降，就证明该企业拥有供应方的规模经济，但这种情况一般只会出现在一些寡头垄断的市场中。比如，沃尔玛公司。它由于对其分销系统的投资，获得了庞大的供应方规模经济，与优秀的运营效率相配合，大大提高了沃尔玛的盈利能力。

查理给出了一个更容易理解的例子：在电视广告问世之初，其宣传效果十分显著，但由于高昂的广告费用，一些中小企业无法通过这种方式来曝光自己的产品。这使得只有像宝洁这样的大公司才具备足够的实力来利用电视广告。其结果就是已经发展壮大的企业可以搭乘这班顺风车变得更加强大，而实力不足的企业却无力染指。通俗地讲，就是好的企业越来越好。

第二，需求方的规模经济。简单来说，就是一款产品随着用户基数的增长，它所具备的价值也就越来越高。也可以称之为"网络效应"，最典型的例子就是我们常见的微博和微信。在微信的用户中，我们的亲人、朋友越多，我们就越倾向于频繁地使用微信。查理所投资的美国运通就是一家具备需求方规模经济的信用卡公司，使用美国运通信用卡的商家越多，企业所提供的服务就更有价值，用户也会随之增多。

相较于供应方规模经济，需求方规模经济具有非线性、可积累的特点，在影响护城河方面，基于构建难度，后者的价值要高一些。但是，这种网络效应只是影响企业利润的一个因素,无法对护城河的深度和宽度带来本质上的影响。

第三,品牌的力量。强大的品牌本身就是一条护城河,像迪士尼、可口可乐、耐克等企业,几乎没有企业能够在市场中真正打败它们。就像巴菲特说的:"你去尝试创建一个和迪士尼竞争的品牌吗?仅仅可口可乐的品牌就可以让人联想到世界各地饮用可口可乐的人。"

但在早期,查理和巴菲特并不了解品牌所具备的价值,直到收购喜诗糖果之后,才发现此类产品即使每年提高一定的价格,也没有人会在意。但品牌的最大价值还是体现在市场的占有率上,巴菲特曾对可口可乐作出如下评价:"如果你给我100、200,甚至300亿美元,我都无法保证可以削弱可口可乐的品牌价值。"可是,创造一个伟大的品牌是一件难以想象的事情,除了技巧之外,还涉及我们所提到的运气成分。

第四,监管的力量。这是由相关的法律法规为某一家企业创造的护城河,强制监管会使该企业的竞争对手很难踏足该企业所属的市场。比如,债券评级机构穆迪。如果一家企业想要发行债券,监管会规定发行人必须从这些债券评级机构中获得评级,而想要成为这类机构的难度令人难以想象。但是,这种护城河存在一个很大的弊端,当监管政策变更之后,护城河就会变得不堪一击。

第五,专利和知识产权。当一家企业被政府授予专利或知识产权后，它将拥有合法的垄断权。简单来说，就是试图进入该企业行业领域的其他企业只有两种选择，要么向它支付一定的专利费用，要么独立开发，绕道而行。查理所收购的一家润滑油添加剂公司就拥有这种强大的护城河，该公司在润滑油添加剂领域拥有1600多项发明专利，这使得它在行业内几乎立于不败之地。

除了护城河的构建，我们还要注意所构建护城河的持久性，也就是说它能够存在多长时间。在查理看来，即使一家企业目前蒸蒸日上，但这种势头不会一直持续下去，竞争对手的加入、技术的革新都容易导致护城河的崩坏。就像报纸行业，曾经一时风头无限，如今随着互联网的发展也已经走向没落，这是不论怎样挣扎都难以改变的事情。因此，关于护城河的构建，除了固定的条件选择，还要懂得灵活变通，否则很难护住"城堡"的周全。

3. 激励的超级威力

人类天生就存在喜欢奖励、厌恶惩罚的倾向，只要你稍微了解一些关于激励的知识，就能在日常生活中起到很大的作用。

查理·芒格曾介绍了一种名为"祖母的规矩"的生活现象，一些祖母在餐桌上会定下一个规矩，当孩子想要吃到他们喜欢吃的食物时,就需要先吃掉他们不喜欢吃的胡萝卜。这种规矩本质上就是对激励的应用,可以让人们心甘情愿去做一些他们原本不喜欢的事情。

这一原理经常被应用在企业的管理上,关于激励机制,查理印象最深的一个案例就是联邦快递。联邦快递成为行业巨头的秘诀在于保证货物按时送达,这就意味着它即使在半夜也需要公司所有的飞机集中到一起,以便将货物快速装填到飞机上,无论哪一环出现延误,都会导致货物无法及时送达。然而,有一段时间,联邦的工人们总是无法在规定时间内完成工作,管理人员为此智计百出,监督、劝说,甚至是威胁都无法改变现状。最后,他们发现了问题的症结所在,将原来按照小时支付薪水的制度调整为按照班次来支付薪水,并允许工人在完成工作后可以提前回家。如此一来,工人工作延误的问题就得到了解决。

制定正确的激励机制是最重要的管理原则,它在提升员工工作积极性方面可以产生很好的效果。而忽略激励制度就像是一位苏联工人说的那样:"他们假装给薪水,我们假装在工作。"但是,在查理看来,盲目相信激励机制的威力也是不理智的。哈佛大学的心理学教授纳金斯就是一个"成也激励,败也激励"的例子,他在早年间利用老鼠和鸽子做实验,通过激励法使它们养成了更多的条件反射,因此在业界得名。但后来他试图利用激励机制来解释人们滥赌的行为时，他的研究方向就开始逐渐偏离正轨，因为激励只是滥赌心理的一部分。可他却过分地强调了激励机制的超级威力，以至于认为利用激励机制可以创建一个美好的社会。但实际上，他太过看重激励机制而忽略了其他心理学效应所产生的作用，最终成了行业的笑柄。

当一个人受到激励时，他会努力工作并尽力为客户提供优质的服务，反之，他则会选择尽可能地保留精力。在查理的解读中，之所以出现两种截然相反的结果，其根源就在于决策者的激励机制是影响员工行为的重要因素。对于每一个管理者或决策者而言，永远都不要低估激励的作用。

对于管理者而言，在建立激励机制的同时，所面临的风险也会增加。比如，联邦快递将时长调整为班次，并设立了做完工作早收工的激励机制。但是，回家的诱惑是否会导致那些原本工作认真的员工开始应付了事呢？因此，管理者在利用激励的超级威力时，还要做好相关的防控工作，避免因激励导致工作效率出现问题。

4. 激励引发的偏见 •

即使查理熟知激励机制的威力，同样也低估了它所产生的效果，在一些意想不到的事情发生之后，他开始对激励机制有了更深层的体会——一些变态的激励机制往往会使人变得更加愚蠢或不择手段。

施乐公司的掌门人威尔逊在政府部门工作一段时间之后，又破天荒地回到了公司，因为他实在无法理解公司新产品的销量总是远远低于那些积压的旧产品。经过一番调查，他发现问题出在公司为销售员制定的激励机制上，售卖旧产品的提成要高于新产品。在这种变态的激励机制的推动下，旧产品的销量反而变得更好。

的确，制定正确的激励制度是十分重要的管理技巧，但过于利用激励制度的威力也会产生一些弊端。就像施乐公司的销售员一样，为了拿到最高提成而不惜损害客户的利益，这种情况是十分可怕的，一旦涉及医药、食品、地产等行业，其带来的弊端在短期内就会显现，对个人，对企业都会产生不良影响。

也许一些人认为自己能够在金钱面前保持理智，但激励机制所具备的冲击力是常人无法想象的。在利益的不断诱惑下，人们就容易产生查理所说的"激励机制引起的偏见"，这种偏见会使人将自己的行为赋予合理性。当一些人在有意或无意间做出一些不道德的行为时，会为自己的行为寻找各种借口，让自己变得心安理得。

查理在很早就领略到这种由激励机制所引起的认知偏见，故事发生在查理祖父的故乡，一位知名的外科医生，经常将正常的胆囊送往当地最好的病理学实验室，由于管理体系的不完善，这名医生在很多年之后才被革职。查理起初认为这名医生打算用这种方式体现自己高明的医术，并凭借切除正常胆囊来伤害一些病人，从而使自己的生活质量得到提高。而调查者却给出了令人感到吃惊的结论："他认为人体中的胆囊是所有疾病的根源，如果你是真的爱护病人，就应该尽快将这个器官切除。"

当然，这个案例比较极端，但每个人身上或多或少都会存在这位医生的认知倾向，就拿最常见的地产经纪人来说，查理表示在他的一生中从来没有遇见过一位保证公正客观的经纪人，几乎每一个经纪人在报告中都会写上这样一句话："这个问题需要进行更多的管理顾问服务。"因此，查理建议人们在采纳某些专业顾问的建议时，一定要保持怀疑态度，或者有保留地接纳，通过质疑、比对来决定最终需要采纳的建议。

激励机制引起的偏见是难以避免的，因此，管理者在制定规章制度时一定要把握好其中的尺度，避免留下可钻的空子，使自己遭受不必要的损失。

5. 将不平等最大化能收到奇效

在生活中，一些管理者会尽力保证自身的公平性，一视同仁，任务平均分配可以有效减少员工与管理者之间的冲突，但这种看似满足了所有的需求，却极大地削弱了人与人之间的竞争性。而查理认为，绝对的公平难以激发人的潜力，只有将不公平最大化才能收到奇效。

当优秀与平庸处于同一地位，这种表面的公平往往就是最大的不公平。这种"不公平"主要体现在付出与成果分配不均上，简单来说，就是优秀的人努力工作却总会被偷奸耍滑的人分走一部分胜利的果实。前者会心生不满，后者会因心安理得而丧失上进心。

经济学中有一个著名"懒马效应"，农场中的两匹马一起拉一辆车，前一匹马兢兢业业，后一匹马偷奸耍滑，每次出工不出力。农场主人意识到一匹马也能够完成工作，就让偷懒的马做一些其他的活。两匹马做着不同的工作，却享受着同等品质的草料，偷懒的马的生活十分惬意，不断和另一匹马炫耀。然而，这一情况被农场主人看在眼里，等到有一天农场来了客人，主人发现家中没有肉了，就将那匹偷懒的马招待了客人。

当管理者发现团队因"懒马"降低了工作效率时，基本上会选择将其清出团队，但也有一些管理者由于付出了大量的培训成本而心存不忍。这就是由于制度的不完善而导致的结果，而查理的建议可以有效解决这个问题，将那些"偷奸耍滑的马"训练成一匹匹"快马"。

在一次采访中，查理提到过一个知名篮球教练的管理模式。约翰·伍登作为当时最优秀的篮球教练，经常向球队中几个水平较低的球员灌输一种思想："你们永远不会得到属于自己的上场时间，因为你们只是陪练。"

球队的每一场比赛几乎都是球队中水平较高的球员在打，他们独享了所有的比赛时间，在竞技和对抗中不断学习，不断成长，而水平较差的球员只能坐在观众席看着其他人表演，只有超越场上的某一个人才能得到出场机会。

伍登所采取的非平等主义的管理方式，极大地提高了球员之间的竞争性，每一位球员都在向着球队的最强者努力，任何人都不敢松懈。于是，伍登执教的球队赢得比赛的次数也就越来越多。

在查理看来，工作和生活就像比赛一样，每个人都希望那些最具能力、最具潜力的人来发挥他们的作用。想必任何人都不希望自己在进行高精度手术时，主刀的医生是在一群医生中以抓阄的方式产生的，一个技术精湛的医生能够使人更加安心，患者也更愿意相信水平高的医生。

因此，在工作中，对于管理者而言，"不患寡而患不均"是一种不够理智的想法，只有将不平等最大化才能够有效刺激每一位员工的神经，使他们不敢或者不愿停步于当下的心满意足，而尽力为自己争取更多的利益。比如，设置不同的阶层，将销售员分为金牌销售、银牌销售和铜牌销售。金牌销售的门槛为每月50万的销售额，提成点为10%；银牌销售的门槛为每月 30 万的销售额，提成点为 6%；铜牌销售的门槛为每月 10 万的销售额，提成点为 2%。如此，每一位销售员都会疯狂抓业绩，希望自己的阶层变得更高，随着个人业绩的增长，公司的利润也会得到提升。

对于员工而言，即使在公平的制度下，我们也要警惕"不平等"的存在，因为这种"不平等"也许就隐藏在管理者的心中。当我们满足于现状，甚至偷奸耍滑，浑水摸鱼时，可能就已经成为管理者眼中的"懒马"，一旦新的"马"出现，等待我们的就只有被"屠宰"的命运。物竞天择的道理恒久不变。

将不公平最大化的激励机制无论是对业绩优秀的员工，还是业绩平庸的员工，都是一件好事。因为潜在的竞争可以使他们变得更优秀，主动努力来获取更好的结果，并且成就自己。

第六章

学会用我的多元思维模型，看透这个世界的底牌

长久以来,我坚信存在某个系统——几乎所有聪明人都能掌握的系统,它比绝大多数人用的系统管用。你需要做的是在你的头脑里形成一种思维模型的复式框架。有了那个系统之后,你就能逐渐提高对事物的认识。

——查理·芒格

1. 逆向思维模型：如果我知道自己会在哪里死去，我就永远都不去那儿

在查理的故乡流传着一个关于乡下人的故事，一个乡下人曾说："如果能知道哪里是我的葬身之处，我就绝对不会到那个地方去。"大多数人听完这个故事后，都会笑他的无知，而忽略他那朴素的智慧。而查理却将其视为逆向思维的典范，追本溯源、逆向解决是很多难题最佳的处理方式。

对于一些似乎已经有结果的事物和观点，大脑的常规思维模式几乎难有建树，如果反其道行之，逆向思考，问题往往就会变得更加容易解决。比如，在一次演讲中，听众提问："如何获得幸福的生活？"而查理给出的答案却是如何让生活变得痛苦不堪。当我们需要思考如何获得幸福时，所考虑的不应该是获得幸福，而是如何才能让生活变得痛苦，我们应该找到令人生变得痛苦的各种因素，然后尽量去避免它。在逻辑上，这两种方式其实并无二致，但我们的视角却会因此变得更加清晰。

查理的朋友曾因工伤赔偿制度而破产，工伤赔偿的初

衷在于帮助那些因工作受伤的群体,是一件极为高尚的事情,但却因各种各样的骗保手段使他饱受痛苦。他原来在得克萨斯州拥有一家制造工业产品的工厂,但利润微薄,处境艰难,导致如此局面的根本原因在于层出不穷的诈伤骗保事件。他每年因工伤需要赔偿的金额超过一整年的薪酬支出,而事实上工厂中的工作并不存在较大的风险,他只能不断哀求工会,向他们阐述自己的处境。但每个人都习惯了这么做,没有人会拒绝一些额外的收入,并不用承担任何诈骗带来的风险。他的苦口婆心收效甚微。

  在仔细研读了加利福尼亚州的工伤制度后,他发现只要自己想要诈伤骗保,就能构想出一堆切实可行的方案。而骗保的最大对手不是漏洞百出的制度,而是腐臭不堪的人心。最终,他选择了关闭工厂,在犹他州的一个社区重振旗鼓。由于当地的大多数人信奉摩门教,而摩门教徒由于自身信仰是不会进行诈伤骗保的。为此,他的工伤赔偿支出降低到只有总薪酬支出的2%。

  我们使用常规的思维和方式去解决问题很简单,却容易使思维僵化,变得刻板,难以脱离习惯带来的束缚,得到的也只是一些司空见惯的结果。而逆向思维能帮助我们打破这种思维僵局,带来一种耳目一新的感觉。

  查理就是将这种思维发挥到极致的一个人,一般来说,我们想要做成某件事情时,会不断思索如何将它做得更好,而查理总是从反面出发,比如,他经常借鉴他人失败的经验,为自己列出一个"避免失败"的清单,但他将名单中所列举的事宜成功规避之后,就能够最大限度将成功的概率提高。

虽然逆向思维不一定能够帮助我们解决问题,却能够有效提高我们对问题的理解程度,帮助我们避免一些不必要的麻烦。逆向思维的使用可以分为以下三种。

(1)反转型逆向思维

这种思维模式多应用于对事物的判断,从功能、结构和因果等方面进行反方面思考、推论,以获得全新的结果。比如,温度计的发明。伽利略在观察到水的温度变化引起了体积的变化后,反过来用水的体积变化验证了温度的变化,进而设计出了最初的温度计。

(2)转换型逆向思维

当解决某一个问题的手段缺乏成效时,转换思考角度能够使问题得以顺利解决。最经典的例子就是关于船体的装焊,由于最初的船体是在固定状态下进行焊接的,这就表示很多部位需要工人仰焊,而仰焊的工程量较大,质量也不佳。而后期,工人将船体俯焊完成后,把船体翻转,变仰焊为俯焊,提高了工作效率。

(3)缺点逆向思维

将一个事物的缺点转化为优点,化被动为主动,能为人们提供一种新的解决难题的手段。比如,金属腐蚀。腐蚀问题一直是金属制品所要担心的点，但人们却利用金属腐蚀的原理设计出电镀手段。这无疑也是逆向思维的一种应用。

想要突破习惯性思维，我们就要有意识地反过来想问题，以此锻炼自己逆向思维的习惯和能力，并在长期的锻炼中形成自己的思维模式。

2. 多元思维模型：从局限中重新定位，提升眼光和格局 ●

查理·芒格坚信世界上存在一种所有人都能够掌握的系统，它比绝大多数人的思维方式要有效得多，你只需要在大脑中形成一种思维模型的复式框架，就能逐步提高对事物的认识。而这就是多元思维模型。

在查理看来，学习的最终目的不是为了获得更多的知识，而是找到更多合理的决策依据，即通过广泛验证的诸多原理和规律。由这些依据所构建的思维模型一旦应用在工作和学习中，就会使人们超越自我的经验，实现个人的飞速成长和发展。

所谓"多元"，就是不拘泥于自身擅长的专业知识，而是全面发展，涉及心理学、历史学、生理学、经济学等多方面的知识。查理十分推崇跨学科学习，这也是建立多元思维模型的基础，他认为人们在学习过程中不必理会学科之间的界限，而是根据自身需求进行选择，并弄清各个模型之间的联系，从而构建一个庞大的思维网络。

正是因为这种通过数十年经验、知识积累所建立的多元思维模型，使查理成为巴菲特眼中的商业模式识别大师。他在外人看来，就像是一位围棋国手，仅凭借逻辑，甚至本能就可以决策出最具前景的投资，但这一切都是建立在他毕生钻研人类行为模式、商业系统以及各个学科知识的基础之上。

查理所提出的多元思维并不只是简单地将所有学科的常识综合在一起，而是要建立一种知识的联动，从多维出发，对问题进行分析。建立多元思维模型的意义就在于将自己的认知能力提升到更高的层次，用一个比较广阔的视野和思维来看待同一个问题。假如你的认知层次比较低，那么你的决策质量一定不如高认知层次。这种在思维层面的碾压才是多元思维模型所带给人们最大的收获。

大多数人眼中普遍存在的一种想法是，成长由学识搭建，我们应该学习更多的知识，不断地填充自我，以变得更为优秀。但查理·芒格认为，学习并不应只是单纯追求知识的多少，而是要找到知识中可以帮助我们做出更好决策的依据，即已经广泛验证过的原理与规律，查理将这些"依据"的建立与整理称为思维模型。这种思维模型的出现，不仅打破了学科思考的界限，还拓宽了思维模式的格局和边界。

当我们面对一个十分复杂的问题时，总是千头万绪，很难一击即中。多元思维模型则能够帮助我们从复杂中窥见其结构，找到问题的关键。利用多元思维模型进行系统思考，其关键点就在于研究问题解决后所能达成的目的、构成问题的要素以及要素间的关系在不同层面中所表现的特点，从而求得问题的最简解。

认知的全面与单一决定着判断质量的高低，而问题的结果就在一个又一个的判断中生成。总之，无论是在学习研究，还是在工作生活中，某一个问题想要得到最佳的结果，就必须进行大量的跨学科学习，不断地掌握一些必须的技能，让它们自然而然地形成一个思维框架，帮助我们在日常中合理地运用。

3. 复利思维模型：宇宙中最强大的力量之一

复利是查理提出的最重要的思维模型之一，他认为理解复利的魅力和它的难以获得性有助于我们更好地理解一些事物。大多数人对复利的理解依然停留在概念上，无法真正的理解和运用，但无论是在投资上，还是生活中，复利思维的影响都是不容小觑的。

复利，是指我们在计算利益时，在本金的基础之上，还要增加之前所积累的所有利息，从而得出新的利息，也就是我们常说的"利滚利"。我们不要小看这种累计计算的方式，它所带来的结果是无法估量的。举一个比较通俗的例子：如果将一张0.08毫米的A4纸重复对折64次，我们将得到一沓多厚的纸？10米？还是20米？实际结果远非如此，在理想状态下，完成64次对折的纸高度可达一亿多万公里，而地球到月球的平均距离才38万公里。

当然，在现实生活中，正常复利的增长率基本上不会达到100%。巴菲特在《致股东的信》中说道："在1900年至1999年的一百年间，道琼斯指数从65点增长到11947点。"那么，复合增长是多少呢？只有5.3%而已。如果放在投资领域，也许一些人会看不上这小小的5%，但如果我们可以保证稳定的收益率，在若干年后我们将得到一个天文数字。比如，我们的10万元资金，会在50年后变成120万元，在100年后会变成1300多万元。随着本金不断增加，我们所获得的收益也将越发惊人。

此外，复利并不仅仅适用于投资领域，生活中的复利思维也能使我们变得更加强大。复利思维，简单解释就是懂得用发展和长远的眼光去看待某些事物。很多人都存在这样一个疑问：那些每天坚持在上班路上学习的人究竟能获得多大的提升？如此短暂的学习时间就如同不起眼的"5%"一样，在一个月、一年后，双方的差距依然无法显露出来，可对方只要坚持这种稳定知识输入，在未来的某一天就将引发质变。这也是为什么一些几乎与我们形影不离的人会在未来的某一刻展露出过人的英语水平、丰富的知识储备，而我们却对他们突然拥有的能力感到莫名其妙。在我们眼中，他们不过只是在每天重复一些简单的事情而已，而这就是复利的魔力。无论是读书，还是运动，复利思维下的坚持且稳定，会使一个人出现天翻地覆的变化。

既然复利思维拥有如此强大的作用，那为何大多数人都难以获得理想中的效果？其根源就是我们小觑了复利思维实践的难度。复利的困难可以总结为三点：不能急，不能亏，不能断。"急"就是急于见到成效，没有耐心。这是大多数人的通病，参加了一个月的英语口语速成班，就想和所有外国人进行无障碍交流，啃完几本书，就想写出和知名作家并驾齐驱的文章，这是不现实的。就是这般无法令人满意的结果让人难以将复利思维贯彻到底。

"亏"是指衰减，也就是复利的核心——稳定的对立面。比如，我们在第一月读完了一本书，但由于某些原因，第二个月却只看了一半，以至于逐月递降。虽然看上去我们依然在坚持阅读，可在本质上我们所做的不过是自我安慰，自我欺骗罢了。

"断"是指放弃。当我们中断所坚持的事情，无论它增长到什么样的高度，顷刻间就会土崩瓦解。而我们所得到的结果也只停留在中断的那一刻，无法对未来继续产生影响。

事实上，这三个难点只是执行层面的主观因素，只有我们成功克服这些困难，才有可能实现复利。但有时候，我们即使将复利思维的执行做到了完美，却依然难以实现复利。因为生活中的一些风险是无法规避的，它们会在现实层面打破复利的过程，比如，个人的一些变故、家庭的一些变故、社会的一些变故等，这些都属于不可抗力因素。

可即便如此，复利的实现也是存在可行性的，只不过实现它的难度非常大。对于每个人而言，不去考虑不可抗力因素的影响，将复利的理念理解透彻，将执行贯彻到底，并在那些不确定性到来之时从容应对，我们还是拥有很大的机会来实现生活中的复利的。

4. 反熵增思维模型：生命的本质就是一个对抗熵值的过程

查理·芒格的思维模型中有一项"反熵增"。他认为每个人无时无刻都在进行熵增，从有序化、组织化逐渐变得混乱、无序，直至在这种混乱中消亡，但幸运的是，在熵增的前提下，我们可以通过自发地反抗无序，实现反熵增。

熵，是取自物理学的一个概念，代表着混乱无序。当一个封闭系统越混乱，它的熵值也就越大，反之则越小。几乎所有的事物在排除外力的干扰下,总是向着无序演化,熵值随之升高,这就是熵增的过程。

举一个例子:我们在一块地上种了很多树,一株株树木整齐排列,但由于疏于打理,十几年后,种植区域内的树木肆意生长,横生枝节,东倒西歪,一些树木几乎失去了使用价值,这就是熵增。而反熵增就是我们每隔一段时间都为这些树木浇水,修建枝丫,使其成长为参天大树。而这个过程就是由于人为的干预,使整个封闭系统得以有序地发展。

熵增的出现在现实生活中几乎是无法避免的,比如,企业的发展。团队在创业之初共同努力,在竞争激烈的市场占得一席之地,并抓住一切机会发展壮大。然而,当企业迈进成熟期后,就会出现多数企业的通病,各个部门之间开始明争暗斗,官僚主义作风盛行,企业的效率在各个负责人相互扯皮的情况下变得越来越低。

查理·芒格十分反感官僚主义,它属于企业熵增的一种表现或结果。他认为当一家企业具有一定的规模时,如果放任其自然发展,就容易出现官僚主义,因为这种结果源自人性中的缺点。当每个人都将工作的转移或交接认定为工作的结束,你不要来打扰我,我也不去打扰你时,就没有人会在意股东或公司的利益,这家企业就会在持续熵增的路上逐渐走向死亡。

查理将建立有效的管理体系视为一种反熵增,可以使企业有效避免僵化、失去活力。这一点企业家贝斯索就做得非常好，贝斯索的成功就得益于对反熵增的利用，他在企业的管理上拥有两个非常重要的观念，自由现金流、可选择权和开放。在企业进入稳定发展期后，企业的目标不止停留在自己的主营业务上，他不断向陌生的领域增加投入，以拓宽企业的业务。

此外，企业内部的业务逐渐演化成一种对外服务的状态，使得该业务需要与市场中的竞争者进行对抗，不断提高自己的竞争力。当企业所有的独立业务都充满活力时，就意味着每一个业务模块都实现了自主生长，也就达到了反熵增的目的。

而人作为一个独立的个体，自然也需要反抗熵增，否则就会在满足于现状的心态中，变得不思进取，被社会所淘汰。查理·芒格就是一个典型的反熵增案例，他的一生中从未放弃过学习，并渴望去证实自己的错误，从中吸取教训，不断进取，最终成为投资界的巨匠。

由此可见，无论是企业，还是个人，每一个事物的发展壮大都离不开反熵增。只有不拘泥于原有的观念，将自己置身于大环境下，不断与外界交流，才能使自己拥有源源不断的活力。

一个人的行为区间可分为舒适区、恐慌区和学习区三种，舒适区是指没有压力、没有负担的一种状态，几乎所有的事务都在自己的能力范围之内。没有特别的需求，也不愿努力。恐慌区与舒适区相对立，处于该区间的人无时无刻都面临着挑战，内心长期处于困惑和焦虑的状态，却无法改变当前的困境。学习区则介于两者之间，一方面直面各种挑战，感受来自各方面的压力，另一方面通过学习和努力，来解决当前的问题，逐步消除自身的焦虑和恐慌。

当一个人在舒适区和恐慌区待久了，就无法适应快速发展的世界，一旦我们的知识和技能无法应对当前所面临的问题时，就会变得无所适从，直至被时代所抛弃。而反熵增就是要我们逃离舒适区和恐慌区，进入可持续提升能力的学习区，让自己的舒适感变为紧迫感，让自己的焦虑和恐慌变为危机感，从而提高自己的学习动力，拓展自己的能力，以应对瞬息万变的外界环境。

人生在本质上就是一个对抗熵值的过程，只有打破无序和混乱，不断突破自我，才能够实现自我的价值，获得井然有序的人生体验。

5. 反脆弱思维模型：从困境中理性分析，提升认知，获得能量

生活中充满了意外，谁也无法在它降临的前一刻预知它的到来，既然避无可避，与其逆来顺受，不如学会从风险

中受益成长，就如尼采所说："杀不死我的，会使我更强大。"而这就是查理·芒格提到的反脆弱思维模型。

查理将事物分为三种类型：脆弱、强悍和反脆弱。脆弱的事物经受不起挫折，在遭受外界压力时，内部会出现不良反应；强悍的事物不受外界的影响；而反脆弱的事物会随着压力的增强，不断强大自身。举一个简单的例子：我们将一件东西从空中抛下，玻璃杯在触及地面的一瞬间会变得粉碎，这就是脆弱；金属钥匙却几乎不会出现任何变化，这就是强悍；而篮球非但不会被摔碎，反而会跳起来，这就是反脆弱的能力。

一个人为什么要拥有反脆弱的能力？查理认为只有反脆弱的事物，才能伴随着压力让自己变得更加强大。因为反脆弱意味着进化，在不断遇见挑战变得越来越强大，得以更好地生存。反脆弱能力是生命体独有的特征，它们懂得根据环境的变化进行自我调节，并学会规避已知的风险，然而非生命体却无法进行自我修复，自我提升，就像一台机器一样，出现故障只能等待维修，新技术出现就将面临淘汰，连选择的权利都没有。

在现实生活中，太多的人所选择的生活方式就如同一台机器一样，按部就班，追求安稳，却无法意识到隐藏在暗中的危险。在大多数人看来，这种生活没什么不好，反而那些收入不稳定的生活方式更具风险，实际上，这是人们在反脆弱方面常见的一种错觉。

举一个例子：一对兄弟过着截然不同的生活，哥哥是一家公司的普通职员，收入稳定，他的生活井井有条，每月工资一部分还车贷、房贷，一部分满足生活日常支出，剩下一部分作为积蓄，每个月他还能抽出一些时间去探望父母，陪伴孩子。然而，一场经济危机打破了他平静的生活，他被公司裁员，生活质量开始下降，而在大环境下，他却无力改变现状。而弟弟只是一个路边的小商贩，收入时好时坏，但在经济危机来临后，他非但没有受到影响，反而盘下了一家店面，生意进一步扩大。

对于所有人来说，收入的随机性看似充满风险，实则更加稳定。因为，他们在生活中无时无刻不在迎接挑战，持续的压力会让他们不断调整自己来更好地适应新的环境。安稳在一定程度上意味着舒适，而舒适最容易诱发人的惰性，最终在自我麻痹中变得脆弱不堪。因此，懂得反脆弱思维是十分必要的，它会引导着我们主动从失败中吸取教训，从压力中提升胸怀，在反思中开阔自身的格局。

此外，面对未来的不确定性，查理给出了以下几种方式来锻炼自己的反脆弱能力，以便更好地迎接风险，并在风险中变得强大。

过度补偿。就是通过超越预期来提升自己的能力，有效规避风险。就像注射疫苗一样，我们先感染一定量的病毒，激活体内的防御系统，在大量病毒到来之际，将其拒之门外。比如，一个人因为担心受到威胁需要聘请保镖，而他却锻炼得像保镖一样强壮。

多元化。这是提升反脆弱能力最有效的方法，简单来说，就是多做一些准备，让自己拥有多种技能和身份，为自己留出一条退路。比如，一些人在工作之余也会在网络平台直播，他们是一名公司职员，拿着固定的工资，同样也是一名主播，可以从存在不确定性的打赏和礼物中获得收入。

利用不对称性。简单来说，就是抓住一些投入少，获益多的机会，充分利用不对称性，调动反脆弱性的智慧。比如，资源不对称、信息不对称等。

相信未来的非线性。我们要明白生活充满着不确定性，谁也无法保证一定会遇到哪些情况。正因为这种非线性，我们才会获得更多的机会和乐趣，才能在压力之下，不断成长。

6. "10+10+10" 思维模型：从旁观者的角度，审视决策的长远影响

决策是人在一生中做得最多的事情，每一个决策都会影响我们后续的发展进程。当你犹豫不决时，就可以使用查理·芒格提出的"10+10+10"思维模型，在注重当下的同时，也不会忽略决策所带来的长远影响。

所谓"10+10+10"就是在时间维度上剖析该决策对未来的影响。简单来说,就是想象该决策在10分钟之后,我们所面临的状况是什么样的;在10个月之后,该决策会产生什么样的影响;在10年之后,又如何。我们将所有可能发生的情况代入,并站在旁观者的角度来审视这项决策,我们将更容易看见那些被我们忽略的危害。"10+10+10"是一个相对理性的思维模式,有助于我们在决策时避免内心的感性带来的不利诱导,迫使自己思考该决策所带来的所有长远影响,通过分析和判断,从而作出更加明智的决定。

它更像是某种意义上的"未雨绸缪",在顺应事物发展的规律下,将不利于自身的情况消灭在萌芽阶段,避免进入一种突如其来的不安状态。我们可以将它应用在重大决定、临时判断以及预测未来发展方面等决策上。

比如,在毕业后选工作的问题上,我们就可以运用"10+10+10"思维模型进行决策。此时,有一份钱多、活少、压力小,但没有发展前景的工作摆在我们面前,我们该如何选择?

10分钟之后,我们十分享受这种闲散的状态,丰衣足食,没有忙不完的项目、写不完的报表,何必去做一个拼死拼活的打工人,这才是我们理想中的工作。

10个月之后,我们拥有一份稳定的工作,暂时衣食无忧,曾经的雄心壮志被消磨殆尽,没有年轻人奋斗的状态,失去了对更高生活层次的追求。

10年之后,我们的公司在竞争激烈的市场中被击败,最新崛起的企业替代了公司在社会中的作用,而我们即将踏入中年,长期闲散的工作状态使我们再也无法适应外界的工作,在与一批又一批年轻人的竞争中毫无优势可言。

如此一来,当现实摆在我们面前,我们就不得不承认这种结果存在的可能性,这也为我们的最终决策提供了有效的判断依据,从而做出更客观、更合理的选择。

"10+10+10"思维模型的意义就在于对目前的处境进行深刻了解,并掌握未来的发展趋势,预见风险,为决策增加更多的可能性。

以"裸辞"一事举例,绝大多数人辞职的原因在于难以忍受当前的工作环境,比如,工作内容与薪酬不对等,同事之间相处不和谐,与上司交恶等。极少数人是真正为了谋求更好的发展而选择辞职。当前一类人出现"辞职"的念头时,他们所考虑的不是失去收入来源,自己的生活质量会下降,也不是下一个工作是否能帮助自己改变现状,而是自己终于要离开这个糟糕的团队、糟糕的同事和上司。当他们在犹豫不决时,脑海中出现的只有不通人情的制度,难以相处的上司,这种过往的痛苦经历会刺激他们变得冲动,选择毫无准备地离开。但事实上,在经过一段时间的休整后,他们同样又会进入一家差不多的公司,做着差不多的工作,而自己却因"裸辞"花光了积蓄,甚至变得负债累累。除了让自己在短时间内长舒了一口气,对现实毫无裨益,这样的"裸辞"行为又有什么意义呢?

毫无疑问,在决策时不考虑长远影响会给我们的未来带来很多麻烦。因此,当我们在决策过程中犹豫不决时,一定要有远见。查理所提到的"10+10+10"思维模型可以很好地帮助我们理解这种"远见"。

此外,我们还要明白,"10+10+10"思维模型只是一种判断方式,而作出分析和决策的人依然是我们自己,同样,承担责任的也是自己。因此,除了要在决策中具备"远见"意识,还要在工作和生活中树立正确的价值观,将所面临事情的重要性分为三六九等,而这是任何外界因素都无法干扰的,只能凭借我们自己后天的学习和理解来达成。

第七章

深度思考，不断逼近问题的本质

你的思想会欺骗你,最好采取一些预防措施,对自己的观点要提高警惕。

就像工人必须了解自己工具的局限性,用脑子吃饭的人也要知道自己脑子的局限性。

成为一个理性、客观的人,这应该是人生最重要的追求。

——查理·芒格

1. 与生俱来的喜欢与热爱心理

查理·芒格认为人们喜欢和热爱的倾向与生俱来，一方面受遗传基因的控制，另一方面因群体关系的需要。一般来说，被喜欢和被热爱是人们一生当中难以被替代的精神需求。

在遗传基因方面，查理利用一种最普遍的现象进行解释，刚刚孵化的雏鸟会将自己所有的喜欢和依赖，交给第一次接触并对自己表达善意的生物，通常这个角色会是母亲。但如果它在破壳的那一刻，所遇见的并不是雌鸟，而是一个人，那么雏鸟的这种"热爱"也将伴随双方的第一次接触而交给对方，并将其视为自己的母亲。同时，作为母亲，雌鸟在幼鸟孵化之后，会本能地出现"爱护孩子"的行为，这在本质上也属于喜欢和热爱倾向。人类亦是如此，这也就意味着任何生物体内都存在这种诱发基因。

在群体关系方面，不同于动物，人类不仅会在天性的驱使下产生喜欢和热爱倾向，还经常在父子关系、母子关系等家庭关系之外的社会群体中诱发这种倾向。它的诱发条件与父母爱护孩子的行为一致,都是向对方表达足够多的善意。比如,指导你办理入学手续的学长,免费开车载你回家的同事等。其中,使喜欢和热爱倾向反应最强烈的就要属亲密关系的建立,也就是情侣关系或夫妻关系。

查理认为除了父母、情侣或夫妻、孩子之外,人们的喜欢和热爱倾向,还体现在渴望被喜欢和被热爱,就像在情侣关系中,占据优势的一方一定是因为对方表现出了额外的关怀和爱护。这种对被喜欢和被热爱的渴望一旦变得极端,就容易催生出讨好型人格。

关于喜欢和热爱倾向的意义,查理将其视为一种心理调节机制,主要分为三个方面:第一,当你喜欢或热爱一个对象时,往往会忽略掉对方的一些缺点,无条件顺从对方;第二,爱屋及乌,你的喜欢和热爱同样会传递给与对象相关的人或物;第三,因喜欢和热爱而拒绝接受一些不利于对方的事实,甚至会在认知中自发扭曲事实。

此外,查理认为喜欢和热爱倾向还存在一种特殊机制,比如,喜欢和热爱会使人对某一个对象产生仰慕的心理,反之,仰慕心理也能够强化该倾向。一旦两者相互交织,实现反哺,就容易造成十分严重的结果,有时候甚至不惜主动牺牲自己也要维护或帮助自己所喜欢和热爱的对象。

这种相互作用的特殊机制,除了男女情感关系,还体现在偶像和粉丝的关系中。喜欢或热爱一个天生具有人格魅力且值得人们去敬仰的人，会给予人们榜样的力量，使自己变得更加优秀。查理的人生中就出现过这样一个人，他叫费雷德·巴菲特，是沃伦·巴菲特的叔叔，他在杂货店的工作十分繁重，但他却总是一副十分快乐的样子，这种工作态度使查理颇为钦佩，同时也激励着查理向对方看齐。查理表示时至今日，他遇到了很多人，但费雷德·巴菲特无疑是一位始终激励着自己的榜样。

查理认为那些可以诱发人们喜爱和热爱倾向的人往往就能起到榜样的作用，对人们的成长有着非常好的指引作用，尤其是在教育行业，那些值得被喜爱的人往往会成为孩子和学生人生中的标杆。

2. 威力强大的讨厌和憎恨倾向

"讨厌和憎恨倾向"与"喜欢和热爱倾向"一致，都是与生俱来的，最大的区别在于诱发因素和表现方式不同，但在查理看来，讨厌和憎恨的威力要远超前者，它更容易使人失去理性和客观判断事物的能力。

查理认为该倾向在战争中会被无限放大，就像北美洲的土著部落在最初经常互相攻伐，他们中的一些人喜欢将俘虏带到自己的家人面前，让家人们一同享受将俘虏折磨致死的乐趣。客观地说，"折磨致死"的行为无疑是残忍且违背人道的，但由于讨厌和憎恨倾向的影响，参与这种行为的当事人并不会感到恐惧，反而会享受杀害同类的快感。

随着文明制度的健全，战争的大幅度减少，但并未使讨厌和憎恨倾向彻底消失，它依然十分强烈，只不过表现形式变得更加内敛。查理表示在美国等国家，该倾向往往会被人利用，将某个人或某个群体的讨厌和憎恨转换为非致命的模式，比如，造谣、诋毁、抗议等。就像美国的一些广告就是为了诋毁某个人或某个政党的政敌而存在。

而在家庭方面，讨厌和憎恨倾向一般是由妒忌引起，查理认为一些人对自己兄弟姐妹的憎恨无以复加，只要能够支付起相关的诉讼费用，他们将不断地起诉自己的家人。巴菲特将这种现象戏谑为："穷人和富人的主要区别是，富人能够一辈子起诉自己的亲戚。"查理的父亲，芒格律师在家乡奥马哈处理过很多起这种家庭内部的仇恨，为查理留下了十分深刻的印象。现实生活中也是如此，亲人之间的仇视大多都是由恶意，或者自认为的恶意引起，财产继承问题、父母赡养问题等。

但在查理看来，讨厌和憎恨倾向同样是一种心理调节工具，与喜欢和热爱倾向一致，主要分为三个方面：第一，当你讨厌或憎恨一个对象时，往往会忽略掉对方的一些优点，认为对方一无是处；第二，恨屋及乌，与所讨厌和憎恨的对方相关的人或物同样会引起你的反感；第三，因憎恨而扭曲事实。

查理认为这种由讨厌和憎恨倾向所引起的认知有时候十分极端，大到对历史文献的篡改，比如，以色列和巴勒斯坦之间的仇视，使得双方在文献中记载的历史事实完全不同，小到对某些人的刻板印象，比如，美国"9·11"恐怖事件发生之后，巴勒斯坦人认为罪魁祸首是印度人，而穆斯林则认为是犹太人。

因此，讨厌和憎恨倾向所导致的认知偏差往往会使人们的判断失去客观性，从而难以作出正确的决策。

3. 避免不一致倾向

避免不一致倾向，是指人的大脑本能地总是希望通过一致性来减少思考，避免改变。查理·芒格认为一旦人们在做决定时任由避免不一致倾向误导，将会使他们的认知出现偏差，就像那些冥顽不灵的人一样，无论你列举出怎样的证据都无法使其改变自己过早形成的错误观念。

当前的学术研究对于人类的大脑在进化过程中产生抵触改变的这一倾向的原因，尚未给出准确的定论。但查理给出了如下猜想：第一，在人类尚处于动物阶段时，迅速作出反应对个体的生存极为重要，拒绝改变有利于快速决策；第二，当人类进入群居阶段后，一旦每个人的反应不停地改变，群体协作就会变得困难，不利于生存发展；第三，人类从第一次读书识字到如今拥有较高科技水平的生活并没有经历太长的时间，保持知识或经验的一致性是全体进化最快的方式。避免不一致倾向，在促进人类生存发展方面的确带来很好的成效，但如果任由其发展，会使人们在后续的决策中出现重大的失误。

在查理看来，避免不一致倾向所带来的影响可以从三个维度剖析：第一，现在和过去。在这里查理借鉴了凯恩斯爵士的观点，任职于世界顶尖大学的凯恩斯在与同事的沟通中发现，一些新的思想之所以难以被人们接受，并不在于新思想本身过于复杂，难以理解，而是新思想与人们旧有的思想不一致。查理将这种大脑的抵触倾向形象地比喻为卵子的封闭机制，当一颗精子进入卵子之后，其他精子就会被隔绝在卵子之外，第一颗精子对应的就是人们最早形成的观念。因此，人们会习惯性积累大量僵化的结论和态度，从不加以校正或改变，即使已经有大量的证据来证明它们是错误的。

第二，个体与群体。也就是人们常说的环境影响一个人的发展。查理认为在该维度下避免不一致倾向是一把双刃剑，比如，大多数人在生活中很少作出与公共责任不一致的行为，他们往往会恪尽职守，扮演好医生、教师、士兵等角色。即使一些具有邪恶念头的人，在"大环境"的压迫下，也会尽力克制自己的欲望。同样，避免不一致倾向也可以强化坏的行为，比如，某些组织的入会仪式，就像外国黑手党的新成员会因为类似投名状制度的存在而对组织更加忠诚，纳粹军人因"血誓"而更加崇拜希特勒一样。这就是个体为了避免和群体不一致而产生的行为。

第三，思想和行为。即避免思想和行为不一致。有时候一些人会利用人们避免不一致倾向来达到自己的目的，查理列举了一个本杰明·富兰克林的例子：富兰克林原来只是费城的一个小人物，他希望引起一位大人物的重视，于是他想尽一切办法让对方帮自己一些小忙，比如借本书给自己。然而一段时间之后，这位大人物开始欣赏和信任他。这就是由避免不一致倾向所导致的，由于在大人物心中富兰克林最初不值得欣赏和信任的形象与具有赞许意味的借书行为不一致，而为了避免不一致，这位大人物就改变了内心对富兰克林的印象。在查理看来，如果将这种通过让别人帮自己忙而使对方产生好感的操作反过来使用，同样奏效。比如，一个人被命令去不断地伤害另一个人，那他就会倾向于仇视或贬低对方。这也是为什么美国监狱中看守与囚犯总是势不两立的一部分原因。

避免不一致倾向十分强大，无论是在思维方面，还是在行动方面，一旦形成了某些刻板印象，通常就容易信以为真。比如，某些演员在饰演某个角色之后，很难从剧本角色中走出来；一些最初假装高尚的人最后或许真的变得高尚起来。

关于如何预防避免不一致倾向带来的错误，查理给出了两点建议：第一，在决策时，参考相反的观点。这种方式来源于法院对案件的审理规定，在案件判决之前，法官必须听取原告和被告两方的证词，让双方罗列证据为自己辩护，这样有利于防止法官在判决时出现"第一结论偏见"的错误。决策也是如此，相反的观点可以提供一个新的视角，从而更加客观地来审视某一件事情。

第二，尝试推翻自己的观点。查理认为达尔文是化解"第一结论偏见"最成功的人，因为他十分清楚避免不一致倾向带来的影响，他习惯努力去寻找推翻自己假说的证据，尤其是当自己的假说极为出色时。一旦原有的观点被自己推翻，对僵化的结论和态度的坚持就会松动，从而摆脱避免不一致倾向。

4. 羡慕、嫉妒倾向 •

查理·芒格认为嫉妒是人类在进化过程中保留下来的一种天性，当一个族群经常挨饿，该族群中的某个成员见到了食物，就会产生十分强烈的占有欲望，一旦这些食物已经被同族群的其他成员占有，那么同一族群的两个成员就会产生冲突。这就是羡慕、嫉妒倾向原本的面貌。

羡慕、嫉妒倾向在兄弟姐们之间尤为明显,特别是在心智尚不成熟的阶段,这也是为什么儿童要比成年人更容易产生嫉妒心理。如果嫉妒的对象是自己的兄弟姐妹,这种嫉妒要比因陌生人而产生的嫉妒更加强烈。查理将这种情况解释为康德式公平倾向所带来的结果,康德式公平是以"绝对命令"的形式实现公平的一种理想中的秩序,简单来说,就是同等条件下人们所获得的权益是相同的。兄弟姐妹和父母之间的关系对应同等条件,而与陌生人之间却不存在这种同等条件。

从古至今,不同的文化都在宣传嫉妒的邪恶。比如,一些神话、宗教和文学作品中经常使用诸多的案例来描绘极端的嫉妒所带来的仇恨和伤害。在查理看来,这种较为广泛的宣传依然无法去除扎根于人们本性中的嫉妒,嫉妒是无所不在的。为此,查理列举了一些例子:当一些大学的管理人员或具有精湛技术的医生在享受远超行业标准的薪资时,周围就会一片哗然。而在投资和律师行业,嫉妒所产生的效应要更加极端。甚至一些律师事务所为了避免嫉妒造成混乱,选择将所有合伙人的薪资水平保持一致,丝毫不考虑他们对律师事务所作出贡献的区别。查理认为这种处理方式是不正确的,就像巴菲特所说:"驱动这个世界的不是贪婪,而是嫉妒。"

查理十分认可巴菲特的观点，他原本认为在心理学的书籍中应该着重分析嫉妒的作用，但奇怪的是，他在翻阅心理学教科书时，却没有发现任何关于艳羡和嫉妒的字眼。为什么艳羡或嫉妒会成为人们分析问题的禁忌？查理认为很大一部分原因在于艳羡和嫉妒在人们心中具有贬低的意味，如果将某一个人的观点视为由嫉妒促成，那将是对这个观点最大的侮辱。这种贬低促成了嫉妒成为人们心中普遍的禁忌。但在查理看来，即使禁忌存在也不应该影响心理学教科书对某一个现象作出正确的解释，人们应该更好地利用嫉妒，而并非一味地排斥、避免嫉妒的出现。

5. 受简单联想影响的倾向

众所周知，条件反射一般是由之前获得的奖励和惩罚直接引起。但查理·芒格发现简单的联想在一定程度上可以替代奖励和惩罚，也可以引发反射行为。这就是大多数人都存在的受简单联想影响的倾向。

简单联想，可以理解为一种直觉，比如，一款价格昂贵的产品，质量优于价格低廉的产品，经过使用，人们就会倾向于认为价格贵等同于质量好。在查理看来，受简单联想的倾向会干扰人们在决策时所作出的判断，从而被一些别有用心的人利用。

查理列举了一个消费者和商家的例子：一些商家习惯将产品的外包装设计得十分精致，同时提高产品的价格，以期望那些追求高质量的消费者因此而上当，或者纯粹由于价格高引发联想成为购买者。这种方式对于促进销量具有十分显著的作用，特别是在奢侈品或高质量需求的产品上十分奏效，对于奢侈品而言，消费者因受简单联想的倾向的影响，默认高价格可以更好地展现自己的品位和购买力，进而提高自己的地位。

但实际上，一款产品的质量和价格并没有直接的关系，消费者的主观判断只不过是以简单的联想为核心。此外，商家请明星代言产品，讲述产品悠久的历史等手段都是在利用消费者受简单联想影响的倾向。

查理认为简单联想带来的最大问题不在于商家诱导消费，而是在一些比较重要的决策上。比如，一些东西可以使人们联想起过往的成功、喜爱或热爱的事物、讨厌或憎恨的事物。

关于成功引起的简单联想会使人变得盲目自信。比如，一个人去一家赌场赌钱，赢得盆满钵满，这种毫无客观依据的关联会促使他不断去这家赌场，最后输得倾家荡产。或者一些人将自己的资金委托给毫无投资经验的朋友进行投资，结果很幸运赚到了钱，于是他开始盲目相信这种曾经取得成功的方式，最终的结果不言而喻。因此，查理建议人们在成功之后，一定要谨慎地分析这次成功，找到其中的偶然因素，避免该因素影响自己对后续计划的判断，同时，深入分析新的计划是否存在以往成功经验中没有涉及的部分。

关于喜爱或热爱引起的简单联想，查理提到了一个很普遍的场景：一位母亲在法庭上声泪俱下，不断强调自己已经犯下重罪的孩子是清白无辜的，她的陈词的确是发自内心，但思想却被孩子在自己面前老实乖巧的形象所误导，盲目地为孩子进行辩解。

关于讨厌或憎恨引起的简单联想也是如此，同样会引起人们的认知错误。尤其是在企业经营方面，这种简单联想是十分可怕的。哥伦比亚广播公司就因此遭受了巨大的损失。哥伦比亚广播公司的董事会主席佩利，十分讨厌那些向他传递坏消息的人。于是，他长期生活在谎言中，一次又一次地作出错误的交易决定，甚至不惜以哥伦比亚广播公司的股票去收购一家即将被清盘的公司。因此，在查理所管理的伯克希尔公司有一条规定："有坏消息要立刻汇报，好消息可以等待。"这一措施有效地减少了管理人员因简单联想而导致的决策失误。

受简单联想影响的倾向也会使人在接受恩惠时的态度变得理所当然，甚至仇视施恩者。查理的一位朋友拥有一座公寓楼，他对入住的房客十分大方，收取的租金远远低于市价，有时还会允许房客拖欠房租。然而，当他由于某些原因打算拆掉整座公寓时，在听证会上，一位拖欠了很多房租的租客却十分气愤地说："这个行为让人十分气愤，他根本就不需要那么多钱，我十分清楚他的经济实力，因为我就是靠着他设立的奖学金才读完大学的。"

此外，简单联想最常见的思维错误就是类型化思考，比如，很多老人由于身体原因，脑子变得不太灵光，你可能就会认为所有的老人的思维都不清晰。但现实生活中很多老人都像查理·芒格和巴菲特一样，在80多岁高龄时，头脑依然保持着清晰的思路。

6. 为什么人总是自视过高

查理·芒格认为自视过高是很多人的通病，他们往往会错误地高估自己或与自己相关的一些事物。这种倾向类似于心理学中的禀赋效应，一些人在作出决定之后，会十分满意这项决定，甚至比做决定之前还要好。但是，自视过高的倾向会在潜移默化中干扰人们的决策，使他们犯下错误而不自知。

在查理看来，自视过高的倾向会在对己、对人和对事三个方面误导人们。在对己方面，查理借鉴了托尔斯泰的诸多作品，一些犯下滔天罪恶的人并不认为自己像别人心目中那么可恶，他们更倾向于自己没有过错，或者由于生活中的压力或不幸，才变成这般模样，他们的行为是情有可原的。但实际上，这些人从未想过改变自己，反而总是为自己糟糕的表现寻找各种借口，以试图让自己心安理得。因此，查理认为必须通过对个人的限制来帮助他们认清自己的行为，以避免后续的持续破坏。查理列举了一个关于教育孩子的例子：一个孩子经常在父亲的仓库中偷糖果，在被发现后极力辩解，说自己只是拿来随便玩一玩，马上就会放回去。而父亲却说："你不如想拿什么就拿什么，然后在每次拿东西的时候将自己称为小偷。"这个孩子在50年后成为南加州音乐大学的校长，而这个教训让他一生念念不忘。

在对人方面，查理认为自视过高倾向会带来十分糟糕的雇佣决定，这种倾向一方面会使人偏爱与自己相似的人，以至于形成一些非常糟糕的派系群体，在查理印象中，美国一些大城市中的教师工会就是如此，他们往往忽略教师水平对学生的影响，反而力保那些本应被开除的低能教师；另一方面就是由面试情况判断求职者的价值，查理十分反感这种做法，他认为正确的做法就是看轻面试的印象，而看重求职者以往的业绩。在他担任某个学术招聘委员会的主席时，建议委员会聘用那些书面应聘材料优秀的人，但一些人却认为这样违背了学术界正常的程序。查理表示，从面试中得来的印象，预测价值极低。比如，一些企业在招聘高层管理人员时，如果应聘者能说会道，就会加深面试者的印象，从而抵消掉经验和能力上的不足，但这对于职位来说，是不可取的。

在对物方面，查理认为一些具有赌博性质的投注都会受到自视过高倾向的干扰，比如彩票，人们在购买彩票时，如果彩票的号码是随机分配的，他们投入的金额就比较少，可如果可以自行挑选号码，他们就倾向于投入更多的金额。但实际上，无论是随机分配，还是自行挑选，两张彩票的中奖概率是相同的，而且概率极低。彩票发行机构利用人们这种自视过高的倾向，提供自选号码在无形中提高了人们对彩票的购买率。投资、赌马等活动也是如此，他们的投机行为在完成交易的那一刻，在他们心目中就会变得十分合理，并可以给出相应的证据。

因此，查理建议人们在做决策时一定要避免自视过高的倾向，尤其是在评价自己、亲人以及自己的行为价值时，要强迫自己变得客观。即使这种方式很难做到绝对的客观，但比起放任自视过高的倾向要好得多。

7. 被剥夺超级反应倾向

被剥夺超级反应倾向源自人们损失厌恶的心理，也就是面对相同价值的利益和损失时，获得利益所带来的愉悦感无法抵消遭受损失所带来的痛苦。当一个人在失去金钱、爱情、友谊等关乎自身的利益时，该倾向会促使他作出一些放弃理性的过激行为，而这种思维方式就是极端意识形态的思维。

在查理看来，被剥夺超级反应倾向在本质上属于认知偏见，在人们因该倾向表现出某些行为时，往往会因为这种偏见给自己带来一些不必要的烦恼。比如，一位拥有百万资产的富豪，却会因为不小心丢掉钱包里的一百美元而十分不悦，尽管这一百美元不会对他的生活质量造成任何影响。

查理和妻子养过一条十分温顺的狗，在这只狗身上，同样可以看到被剥夺超级反应的倾向。当你在狗进食时，抢走它嘴边的食物，平时很温顺的狗就会忍不住咬你。对于一只宠物来说，因为一顿饭去攻击自己的主人无疑是十分愚蠢的，但狗却无法控制自己的行为，这是一种天生的被剥夺超级反应倾向。人也是如此。

这种失控感是被剥夺超级反应倾向的最大弊端，它会使人丧失理智，从而作出某些疯狂的行为。就像在公开的拍卖会上竞拍一样，当你出价时，很容易产生获得竞拍物品的错觉，一旦有人出价高于你，你就会有一种怅然若失的感觉，进而再次加价试图获得竞拍物品，于是，很多竞拍物品的成交价往往是远高于其价值的。因此，巴菲特就曾建议人们不要去参加那些公开的拍卖会。

查理的投资经验丰富，却也曾因为被剥夺超级反应倾向而犯过一些错误。在查理年轻的时候，一位朋友希望以极低的价格卖给他一些石油公司的股票，他欣然答应。然而第二天，朋友又带着五倍于昨天的股票来拜访查理，希望他继续购买，但遭到了他的婉拒，查理拒绝的根本原因在于自己需要出售家当或借债才能够吃下这一堆股票。但一年后，壳牌公司收购了这家石油公司，股票的价格也因此上涨了30多倍。而实际上，查理当时的经济条件并不算差，甚至远超于常人，但由于被剥夺超级反应倾向的存在，他下意识地放弃了这项没有风险的投资。

被剥夺超级反应倾向的作用最大限度上保护了意识形态，它能激发人们对于剥夺者的憎恨和厌恶。比如，一些能力平庸的上司往往不愿采纳那些优于自己的下属的方案，即使对方的方案更适用于当前的项目。一旦对方锥出囊中，自己的地位将受到威胁。比起更好地完成工作，他们更愿意保全自己的地位。

针对剥夺超级反应倾向，我们可以使用换位思考法来平衡"得"与"失"对心理的影响。将自己代入相反的情景中分析自己的决定是否合理，分别单纯地从"得"与"失"两个角度来审视自己，从而平衡内心由于损失厌恶带来的波动，做出有利的决策。

8. 以相同方式回馈的心理

和诸多动物一样，人类在进化过程中也保留了以德报德、以牙还牙的极端心理。而查理·芒格将这种与生俱来的心理称作"回馈倾向"。简单来说，就是我们总会尽量以相同的方式来报答他人对我们所做的一切。

查理认为回馈最基本的表现方式为两种：以牙还牙和以德报德。以牙还牙多以攻击性为主，比如，路怒症，汽车驾驶员在行驶过程中对其他汽车所作出的带有攻击性的行为，前提是对方出现了某些让驾驶员不悦的行为。或者在体育比赛中因意外受伤而引起的情绪失控事件。但查理并不认同这种过激的反应，他更倾向于自主化解人与人之间的敌意，并给出了自己的建议：延迟自己的反应。查理的一位朋友托马斯·墨菲经常说："如果你觉得骂人是一个很好的主意，那你可以留到明天再骂。"

以德报德的心理倾向也十分强烈，甚至可以覆盖以牙还牙的极端行为。查理以战争举例，两军交战正酣时，如果某一方出现了细微的善意举动，而另一方同样会投桃报李，如此反复，战斗就会停止很长一段时间。第一次世界大战期间，在前线交战的双方经常会出现让将军感到莫名其妙的停战。战争由于双方立场的不同，彼此之间的关系很难变得友好，但以德报德的现象依然会出现，这也预示了回馈倾向的强大。

商业贸易作为现代社会繁荣的主要推动因素，人们以德报德的心理提供了很大的帮助，尤其是利人利己的行为和回馈倾向相结合时，就会引起一些具有建设性的行为。此外，与其他心理倾向不同的是，回馈倾向存在于人们的潜意识中，一些人习惯利用这种倾向，误导他人。

查理举了一个例子：一名销售员将你请到一个舒适的房间，并端给你一杯咖啡。你很可能会因为这个礼节性的行为而放弃让自己的利益最大化，比如，购买时少压价等。虽然这种引导并不能使销售员获得巨额的利益，却在无形中使客户在心理层面处于劣势。

查理认为回馈倾向最大的效用就是通过内心的负罪感而改变一个人的认知。如果无法意识到潜在的回馈倾向，就很容易默许某些错误的行为。在一项心理实验中，西奥迪尼吩咐自己的实验员在大学校园中请求陌生人带领少年犯去参观动物园，这项请求的接纳率仅有12%。但西奥迪尼让实验员换了一种方式，将请求变更为"你是否愿意在两年内每周花费一点时间去照顾少年犯"，这种荒唐的请求自然会遭到对方的拒绝，但实验员紧接着又提出了最初的请求，此时，请求的接纳率提高到50%。在查理看来，前后两者之所以存在很大的差别，关键就在于实验员作出的让步，激发了陌生人的回馈倾向，使更多的人在非理性的状态下答应了这一请求。

可一旦对回馈倾向的利用应用在某些错误的情景下，我们的投桃报李往往会给自己带来很大的麻烦。查理以著名的"水门事件"为例：美国司法部部长批准潜入水门大厦的决定在人们看来是十分愚蠢的。当时共和党某位成员最初的提议是利用美女和游艇进行贿赂，当这项提议被否决时，他作出很大的让步，表示只潜入水门大厦去盗窃竞选结果，于是司法部部长默许了这一行为。这也就导致了美国总统在水门事件中被迫下台。

因此，查理建议人们一定要警惕内心潜在的回馈倾向，无论负罪感是多么令人不愉快，也要避免因回馈倾向造成一些极端且危险的后果。

9. 对权威的盲目信奉

查理·芒格在误判心理学中提到了权威—错误影响倾向，他认为对权威的盲目信奉很容易导致认知上的错误。因为，人在面对一些不了解的事物时，往往倾向于信任该方面的权威人士，可一旦这些权威人士犯错，或者所传递的信息被大众误解，就容易使正常的生活变得痛苦不堪。

查理的一次垂钓经历可以很好地解释这种错误倾向带来的危害，他有一次前往科罗拉多河钓鱼，随行的向导向他讲述了一个有意思的垂钓者。由于垂钓者之前并未钓过海鲢鱼，就像查理一样邀请向导协助，向导一边开船，一边提供了一些垂钓建议，在这个过程中，向导带给他一种十分权威的印象。当垂钓者成功吸引到一条海鲢鱼时，便遵从向导的指挥，抬高鱼竿，放线，收线，等鱼成功咬钩，由于向导的英语不太好，错将"收杆"说成"给它杆"，垂钓者居然真的将钓竿扔进了海里。

一般来说，即使没有任何垂钓经验的人也清楚只有收杆才能成功钓到鱼，但这位垂钓者却毫不犹豫地按照向导的指示行动，并不考虑对方的命令或建议是否合理。在查理看来，这种盲目信奉权威的心理倾向是强大的，同样也是可怕的，它会使当事人变得十分糊涂，失去自己的判断，这对生活和工作所带来的影响是难以想象的。

查理曾讲过这样一个笑话：美国的一位医生留给护士一张字条，叮嘱她为一名耳痛的病人上药。字条上写着："每天两滴，右耳。"但由于"r.ear"和"rear"几乎一样，又是手写字条，护士就将右耳看成了屁股，于是将药水滴进了病人的屁股。虽然这只是一则笑话，可如果将该场景带入现实生活中，这名盲目信奉权威的护士不仅会因此丢掉工作，还会受到病人以及家属的指责，甚至是起诉。

查理认为，人之所以会信任或依赖权威人士的判断，主要原因有二：第一，对权威的畏惧。简单来说，就是权威人士带来的压迫感，即使对方在我们所处的领域并没有太多的成就，却依然会使我们感觉背后有一个人在帮助我们做决策，从而失去自主思考能力。这也是为什么当大人物坐在飞机驾驶员旁边时，驾驶员的操作失误率会更高。第二，逃避责任。畏惧同样意味着依赖，而依赖是逃避责任的另一种方式。当自己失败时，我们可以大方地将责任推给权威人士，从而降低自身的负罪感，但这种方式最终的失利者依然会是我们自己。

查理·芒格和巴菲特作为最成功的投资者，他们自然是无数投资者的风向标，每一笔投资都会有大批的投资者跟投，但他们二人在采访中不断提醒这些盲目的投资者，永远不要被权威的意见所左右，要学会自己做判断，任何投资理论的指导都只能看作是一个参考经验，未必真的适合自己。

查理和巴菲特二人的成功一部分原因就在于不盲目信奉权威，敢于挑战权威。巴菲特的老师格雷厄姆在投资界的地位很高，对企业资产评估有着自己的理念，然而巴菲特却认为老师只看到了企业的有形资产，而忽略了品牌等一系列无形资产，进而逐渐形成自己的企业资产评估方式。后来，在股票低买高卖的投资方式之上，他又意识到股票的发展潜力等一众投资要素，使自己的投资理念进一步完善。在华尔街对巴菲特的评价中，他的自信和胆识首屈一指。

因此，在面对权威时，查理建议我们一定要懂得独立思考，一方面保持理性，无论权威信息正确与否，我们都要将其视为一种理解事物的辅助工具，关键在于形成自己的判断。如果我们可以在权威面前保持理性，就能够对权威的屈从性有更加深刻的认识，从而降低自己盲从的风险。另一方面承担起自己的责任，无论是否遵从权威信息，决策者依然是我们自己，成功与失败的结果最终也会施加在我们身上，因此不必借着权威信息的噱头来逃避自己的责任，与其造成更大的损失和危害，不如让自己在经历中受益。

无论是投资，还是生活，大多数人的意见都不能代替自己的选择，想要获得属于自己的完美生活，就要学会自己做判断并坚持自己的判断，拒绝随波逐流。

10. 如何避免错误的对比

查理认为当人们在分析和判断某一个事物时，会下意识地寻找一个参照物，而参照物的好坏决定了分析和判断的结果，这就容易导致人们出现对比错误反应倾向，影响人们的认知和思维。

对比错误反应倾向的根源在于人的大脑并不是精密的仪器，它在思考的过程中更倾向于简单的模式。这也就意味着如果人们不主动深入思考，就会处于一种潜意识做主的状态,判断的依据完全凭借自己的感官,通过与现有的参照物进行对比得出结论。但结论的正确与否会受到参照物极大的限制,从而很容易导致认知错误。

在查理看来,任何心理倾向对思维造成的破坏都无法与对比错误反应倾向比肩,比如,一个人购买了一款1000美元的仪表盘,仅仅是因为这个价格与轿车的价格10万美元相比不高,甚至可以说是很配。这就像你吃饭用的是一个银制的碗,总要配一个银质的勺子才显得般配。同理,一些女性很优秀,但其父母十分糟糕,最后她们就可能会选择嫁给一个比自己父母稍微强上一点的男人,并心满意足。这就是对比错误反应倾向带来的结果。

人们的对比错误反应倾向往往会被一些推销员利用,以促进销售。查理对这种方式嗤之以鼻,但并不妨碍它成为各大销售员的利器。比如,一些房地产经纪公司的经纪人十分擅长这种手段。如果消费者来自外地,并急于搬家到这座城市,经纪人会故意带这位消费者去看一些条件很差但价格很高的房子,然后为他推荐一套条件一般,价格也一般的房子。如此一来,交易就很容易达成。

商场的促销打折也是这个道理,为了使产品正常的价格显得很低,商家一般都会虚报一个价格,然后在促销打折活动中标明折扣价,两者对比之下,消费者就会出现自己占了很大便宜的错觉。有时候,即使人们对这种伎俩心知肚明,往往还会在对比错误倾向的影响下犯错。

查理的一位牌友告诉他,如果将一只青蛙丢到热水中,它会立刻跳出来,但如果将青蛙放到冷水中,并不断加热,这只青蛙就会在逐渐适应温度的情况下被烫死。虽然查理对这种说法的合理性表示怀疑,但很多人在走向灭亡时,都像这只青蛙一样,在对比错误反应倾向的误导下,放弃反抗。前后对比的细微差异,根本无法使人认清走向终点的趋势,这就是由于参照物选择错误带来的结果。

因此,查理建议人们一定要牢记本杰明·富兰克林的格言:"小小纰漏,能沉大船。"对比错误反应倾向就是导致人们错误估计小纰漏的真正原因,不放过任何可以造成大问题的细节,才能帮助人们避免对比错误反应倾向带来的影响。

11. 理由带来的安全感

查理·芒格认为人天生钟爱准确的认知,并享受在追求准确认知过程中从无到有,从模糊到准确的乐趣。而这种天性就催生出重视理由倾向,它是追求准确认知的一种表现,一方面希望通过合理的解释来消除内心的未知感和恐惧感;另一方面希望利用某些依据来证实自己的判断。

在查理看来,重视理由倾向的意义在于使沟通双方的信息传递效率更高。比如，最常见的授课场景。如果老师在讲解某些知识时，只是一味地罗列知识点，并不详细地加以分析，那么，学生掌握这些知识所花费的时间就要远高于讲明原因的知识。因此，查理认为当你请求或命令他人做一件事时，想清楚原因，并将这些原因传递给信息接收者。这对于沟通而言，是最为明智的选择。

查理表示没有人比卡尔·布劳恩更加谙熟此道，这名商人以设计和建造炼油厂发家，他所掌控的一家大企业有一个十分严格的规定：任何工作上的交流和沟通都必须遵守"五何"原则。简单来说，就是当管理者在发布命令时，必须说明什么人在什么时间、什么地点，做了什么事，做这件事的理由是什么。如果有人连续两次触犯了这项规定，那他就会遭到解雇。因为，布劳恩十分清楚理由带来的强大威力，只有将一个想法的解释完全展示出来，这个想法才更容易被对方接受。

但是，由于重视理由倾向十分强大，就会导致一些人的不合理要求在认知上变得合理。简单来说，就是由于大多数人的内心对因果关系的依赖十分强烈，这使得他们更乐意通过因果关系来认知世界，以至于一个人即使给出的理由与所描述事物毫不相干或不太准确，也会使对方的提议得到有效的回应。这也是查理为之担忧的点。

查理列举了一项心理实验：一群人在打印机面前排队

打印，突然一名女士走到最前方插队，请求说："十分抱歉，我想打印一些文件，因为我快赶不上大巴车了，我可以先用一下打印机吗？"对此，基本上所有人都会满足她的请求。可如果她换一种说法："十分抱歉，我想打印一些文件，我可以先用一下打印机吗？"那么，超过半数的人都不会同意。前后两者的区别就在于是否给出了理由，因此获得的反馈也就是大相径庭的。

重视理由倾向的弊端在于它趋近于条件反射，因为大多数人会下意识认为存在某些理由的事情一定是重要的、迫切的。这也就导致一些商家或邪恶组织会利用各种噱头来蒙骗大众，以达到自己的目的。比如，销售员在回访老客户时，可以询问对方与自己合作的理由，当客户购买产品后，会倾向于为自己找到一个理由来使自己的行为变得合理，无论是"看起来不错"，还是"用起来很好"，对方的任何理由都有可能加强自己选择产品的正确性，从而建立起彼此之间的忠诚。

因此，关于重视理由倾向，查理给出了两点建议：第一，当你要求别人做一件事时，作出详细的解释，对方在充分理解后，会更加重视你所说的话，并满足你的要求，即使对方无法理解，也会更倾向于接纳。即便是一些显而易见的理由，作出一些解释会收获意想不到的结果。

第二，警惕重视理由倾向所带来的认知偏差，避免因对因果关系的依赖而导致出现认知偏差,进入对方设置的言语陷阱。

12. 不用就忘倾向

查理·芒格认为人们的某项技能一旦不再频繁使用,就会逐渐退化,直至遗忘。这种情况被他称为"不用就忘倾向",该心理倾向与大脑的运行机制有关,为了减少消耗,大脑会选择性遗忘一些不经常使用的知识或技能,从而将更多的空间留给当下最重要的事情。

查理认为一项技能只有频繁练习,才能使自己始终保持一种高水平的状态。就像著名钢琴演奏家帕德雷夫斯基说的,如果他有一天没有弹琴,就会明显感觉到自己的演奏水平下降,如果连续一个星期都没有弹琴,那么听众就会感觉到自己状态的变化。

在查理看来,想要规避"不用就忘倾向"带来的影响,可以从两方面出发:

第一,不断地使用或练习某些知识或技能,这种方式类似于飞行训练的模拟器,对于飞行员而言,日常的训练无法做到真人飞行的地步,而飞行模拟器就可以在节约成本的前提下,满足飞行员对飞行技能的熟练度。针对不常用的知识或技能,可以预设场景,以达到练习的目的。

第二，熟练掌握。任何知识和技能都存在遗忘的可能，这一点德国心理学家艾宾浩斯的遗忘曲线可以证实。由遗忘曲线可以看出，对于不同的知识或技能，记忆时间也是不同的，主要分为长期记忆和短期记忆，两者最大的差别就在于是否熟练掌握。查理认为一项技能如果能够熟练掌握，而不仅是应付性技能，这种技能被短时间遗忘的概率就会降低，即使由于长期不使用而变得生疏，一旦重新接触，也能够很快恢复到最初的状态。而应付性技能因并未熟练掌握，在丢失之后，将不会拥有前者快速恢复的优势。

查理认为一个明智的人会频繁练习那些有用但不常用到的技能，并将其视为自我提升过程中的一环。一旦人们减少了对不常用技能的关注，就会在无形中削减所掌握的技能数量，从而容易诱发"铁锤人倾向"。同时，知识或技能的减少会间接导致人们的学习能力下降，这是因为一部分知识或技能的遗忘，使得思维框架中出现了裂缝，无法尽快理解与之相近的内容或信息。

此外，查理十分重视"检查清单"的行为，他在投资方面针对投资风险规避，提出了"投资检查清单"，在面对"不用就忘倾向"，他同样建议人们列出"技能检查清单"，方便人们客观地了解自己所掌握的技能，有效减少"不用就忘倾向"带来的影响。

13. 社会认同倾向

社会认同倾向，是指一个人习惯根据大多数人的行为方式去思考和行动，其目的是将一些复杂的问题简单化，从而降低大脑在决策时的能量消耗。

查理认为社会认同倾向虽然有助于人们快速决策，却会对某一些事物失去客观性的判断，从而导致认知错误。这一点在一项心理实验中得到了验证：一位心理学教授在一个电梯中安排了10位实验人员，并要求他们背对电梯口，以观察陌生人进入电梯的反应。每一位进入电梯的陌生人在短暂惊讶后，同样会选择背对电梯口，与大多数人保持一致。而实际上，每个进入电梯的人完全不清楚这个行为的意义。

虽然实验结果看起来十分可笑，但查理并不否认社会认同倾向所带来的积极性，他表示这种从众行为有时候往往是解决问题最简单，也最有效的方式。比如，你来到了一栋陌生的大厦，在缺乏明确的路标时，跟随周围的人会让你更快找到大厦入口。

社会认同倾向所带来的弊端也十分明显，查理表示年轻人有时候不愿采纳父母的意见，就是由于社会认同倾向所导致的认知错误。相较于父母，他们更愿意尊重同龄人，认真听取对方的意见。因此，查理建议父母在管理孩子方面，与其训斥，不如帮助他们把握所交朋友的质量。

这种认知错误不只限于年轻人，一些企业的高层管理人员同样会犯这种错误。查理表示如果一个行业的大多数企业都作出了某项决策，该行业的其他企业就会纷纷效仿，但实际上，除了第一个"吃螃蟹"的企业，所有的企业管理人都是在社会认同倾向的影响下进行决策。这种行为在本质上是管理者在寻求出路时，为了消除因没有头绪而产生的迟疑和焦虑情绪。

在查理看来，除了困惑，压力同样可以强化社会认同倾向，这也就导致一些坏行为会在社会认同倾向的影响下快速传播。查理从三个方面进行了解释：第一，拒绝者的处境。最典型的例子就是"谢皮科综合征"，谢皮科是一个正直的警察，但所处的警察部门贪腐十分严重，他拒绝贪腐的行为差点让他被人枪杀。在现实生活中，也常常有这种因为拒绝同流合污而被团队排挤、威胁的现象。在这种压力之下，很少有人能够坚定地保持立场，特别是在激励机制的共同作用之下。

第二，旁观者效应。查理表示人们的行为不仅受他人行动影响，还会受不行动的影响。当一个人需要帮助时，周围的人都选择旁观，一旦没有人主动打破这种僵局，就会造成后来的人想做又不敢做的局面。由于大多数人的漠然成为一种社会证据，暗示旁观行为是正确的，这也就导致原本心存善念的人会被迫改变自己的认知。

第三，攀比。简单来说，就是你做的事情我也要做，你有的东西我也要有，这种情况一般多出现在广告和商品促销中。在社会认同倾向的影响下，一些广告商宁愿花费大量的成本，也要在电影中购买某个一闪而过的产品镜头。

总的来说，社会认同倾向所导致的认知错误往往可以和压力影响倾向、妒忌倾向、被剥夺超级反应倾向联系在一起，而就是在这些因素的共同作用之下，人们的行为就容易变得极端和不理智。就像查理小时候的一件趣事一样，他和自己弟弟争抢一块木板，两人大喊大叫，针锋相对，但实际上周围还有很多这样的木板。

此外，查理认为如果任由社会认同倾向发展，使得所有成年人在该倾向的影响下作出类似的行为，就会对整个社会的发展造成严重的破坏。就像以色列和巴勒斯坦的敌视一样，其实他们完全可以将有争议的土地进行分割，如此不仅可以降低资源的消耗，还能有效避免战争的出现。因此，人们一定要学会避免不好的社会认同。

关于如何避免坏的社会认同方面，查理建议人们当他人在做一些错误的行为时，坚持原则，不要模仿他们，同时，也要懂得吸取别人的失败教训。如此，才能保证自己原本客观正确的立场不被轻易撼动。

14. 错误衡量易得性倾向

查理·芒格认为人的大脑存在一定局限性，当某一个事物容易获取时，大脑就会倾向于高估该事物的重要性，而这就是错误衡量易得性倾向。

在查理看来，这种认知错误主要是由于人的大脑很容易对获取难度低的事物感到满足，同时无法使用那些获取难度高，或者记不住的事物。简单来说，就是由于记忆的容量有限，人们在进行判断的过程中，往往更加关注那些显而易见，或者容易记起的信息，而对其他影响判断的重要信息视而不见。一旦在判断过程中仅以易见信息为主要判断依据，就容易导致决策失误。

该倾向带来的最大弊端就是一些形象鲜明，或者令人印象深刻的事物，由于更容易被认知，从而在论证过程中拥有更高的占比，以至于大幅度降低结论的客观性。尤其是当这种倾向在各种实验场景下不被重视时，就容易使研究人员犯下十分严重的错误。

但是，错误衡量易得性倾向并非一无是处。查理表示人们可以利用大脑的这一特点，将该倾向巧妙地应用于两个方面：第一，说服他人。易得性偏差常用于演讲，一般主讲人在陈述观点时，喜欢采用一些贴近生活的案例，以提高演讲内容的说服力。案例越贴近生活，对听众而言，获取的难度就越低,从而更容易让听众信服。

第二,提高记忆。最容易让大脑接受的信息无疑是视觉信息,这也是为什么媒体发展的终点是视频,而纸质媒体、音频逐渐退出历史舞台的原因,就是视频更令人印象深刻,获取信息的难度更低。

查理认为想要避免受错误衡量易得性倾向影响,主要有三种对策:第一,按照既定程序做事,多使用检查清单。第二,重视反面证据。就像达尔文一样,不断试图推翻自己的观点,关注那些反面的证据。对于大多数人来说,就要特别关注那些无法被轻易量化的因素,而不是仅仅关注那些简单易得的因素。第三,与人辩论。找一个学识渊博,敢于质疑且能言善辩的人,请他和自己进行辩论,就容易使人关注那些不容易得到的事物。

总之,应对错误衡量易得性倾向的原理,那就是千万不要因为一个事物,或者一种观念容易获得,就误认为它很重要。